KICK & SELL MEDIA

Gewidmet meinem Vater,
einem Meister der Kaltakquise
und einem Vorbild in Warmherzigkeit

Rolf Schmiel

WICHTIG IST AUF DEM PLATZ

Fußballweisheiten
für Ihren Vertriebserfolg

KICK & SELL MEDIA

Verlag: Kick & Sell Media, Rolf Schmiel, Hattingen
Herstellung: Books on Demand, Norderstedt
Layout und Satz: Stephanie Küpper

ISBN-13: 9783981234305

DER AUTOR

Rolf Schmiel ist Diplom-Psychologe und Experte für „Aktivierende Kommunikation". Mit seinen außergewöhnlichen Erlebnisvorträgen begeistert er jährlich Tausende Kunden und Mitarbeiter renommierter Unternehmen, wie AWD, BMW, Deutsche Bank, Porsche, Siemens, ThyssenKrupp und VW. Er ist der erste Managementtrainer, der vom „Künstler-Magazin", dem Fachorgan der nationalen Showbranche für den hohen Unterhaltungswert seiner Vorträge in der Sparte Business Entertainment zum „Künstler des Jahres 2006" gekürt wurde.

Um die Teilnehmer seiner Präsentationen aus ihren Komfortzonen zu befreien, aktiviert er sie mit faszinierenden psychologischen Experimenten sowie amüsanten visuellen Metaphern. Die einzigartige Mischung aus fachkundiger Wirtschaftspsychologie und erstklassigem Entertainment belebt jede Vertriebstagung und inspiriert nachhaltig ihre Teilnehmer. Rolf Schmiel spricht zu den Themen Leistungs- und Verkaufspsychologie.

Weitere Informationen zu Rolf Schmiel und einen Videomitschnitt seines Erlebnisvortrags „Wichtig ist auf dem Platz!" finden Sie auf seiner Homepage.

Dipl.-Psych. Rolf Schmiel
Tel. (02324) 39 33 99
www.rolfschmiel.de
info@rolfschmiel.de

Inhalt

ACHTUNG:
EINE DURCHSAGE!
VORWORT VON NORBERT DICKEL   14–17

WARMLAUFEN
EINFÜHRUNG   18–29

- Faszination Fußball
- Top 10 der Fußball-Stilblüten
- Sir Ramseys Erfolgsgeheimnis
- Erfolgsdisziplinen

GOOOL!!!
ZIELORIENTIERUNG   30–45

- Jürgen-Klinsmann-Story
- Ziele setzen – aber richtig
- Harvard-Studie zur Zielorientierung
- Die Woche, bevor Sie in den Urlaub fahren
- Wirkung von Zielen
- S.M.A.R.T. zielen
- Der Weg zum Ziel

HAUPTSACHE: 3 PUNKTE!
ERGEBNISORIENTIERUNG   46–69

- Bayerns Champions-League-Trauma
- Die Sprache der Ergebnisse
- Ihre Einstellung zum Beruf des Verkäufers
- Die Bedeutung Ihrer Beziehung zu Ihren Kunden
- Die Kunst des Zuhörens
- Das psychologische Verkaufsmodell

DAHIN GEHEN,
WO ES WEH TUT!
SPITZENLEISTUNGSORIENTIERUNG   70–89

- Hart wie Schumacher
- Torschützenkönige schießen auch daneben
- Beständigkeit und Disziplin
- Fitness
- Eigenverantwortung
- Ernährung
- Zusammenspiel von Körper und Geist
- Wellness für die Seele

Inhalt

JUST DO IT!
HANDLUNGSORIENTIERUNG   90-107

- Nikes Erfolgsgeschichte
- Die 71/21-Regel
- Pleiten, das Sprungbrett zum Erfolg
- Churchills letzte Rede
- Selbstbild
- Erfolgstagebuch
- 10 knackige Lektionen

NACH DEM SPIEL
IST VOR DEM SPIEL
ENTWICKLUNGSORIENTIERUNG   108-125

- Fitness-Guru Mark Verstegen
- Mackay 66
- Wege zur Neukundenakquise
- Networking
- Eine Frage der Motivation
- Literaturempfehlungen

FINALE
FUSSBALLZITATE   126-137

- Spieler
- Trainer
- Sepp Herberger
- Sportkommentatoren
- Prominente

DIE HÄNDE ZUM HIMMEL
DANKSAGUNG   138-142

- Warum dankbar sein?
- Meine Familie
- Gute Freunde
- Mannschaftskameraden
- Geschäftspartner

ACHTUNG
Eine Durchsage

Ein Vorwort von Norbert Dickel

Für ein Buch ein Vorwort zu schreiben, das ist für mich eine ungewohnte Aufgabe. Als Stadionsprecher und Sportkommentator rede ich zwar viel, doch als Schriftsteller habe ich mich bisher noch nicht versucht. Trotzdem komme ich gern Rolf Schmiels Wunsch nach und schreibe dieses Vorwort. Es gibt drei starke Gründe, warum ich gern einen Beitrag zu seinem ersten Buch liefere.

Zum einen fließt der Reinerlös aus dem Buchverkauf den karitativen Projekten des GOFUS e.V. zu. Die GOFUS (= golfspielende Fußballer) sind ein gemeinnütziger Golfclub, in dem Fußballprofis ihre Popularität einsetzen, um wirtschaftlich schwächer gestellten Kindern und Jugendlichen zu helfen.

Zur Zeit sind über 360 aktive und ehemalige Fußballprofis bei den GOFUS engagiert. Trainer wie Michael Skibbe,

Ein Vorwort von Norbert Dickel

Horst Köppel, Jürgen Röber, Andreas Köpke und Peter Neururer; Aktive wie Sebastian Kehl, Stefan Kießling, Frank Fahrenhorst, Kai Michalke, Thomas Brdaric, Hanno Balitsch und Frank Rost; Ehemalige wie Thomas Helmer, Uwe Bein, Fredi Bobic, Oliver Reck, Markus Münch und Olaf Thon; Manager wie Holger Hieronymus, Horst Heldt, Christian Hochstätter, Stefan Reuter, Andreas Müller, Klaus Allofs und Michael Zorc; Legenden wie Uwe Seeler, Sepp Maier, Berti Vogts, Klaus Fischer, Rüdiger Abramczik, Rainer Bonhof und Manfred Kaltz oder Präsidenten wie Dr. Gerd Niebaum, Dieter Müller und Heribert Bruchhagen.

Sie alle engagieren sich bei den GOFUS für den guten Zweck: Die Erlöse der Veranstaltungen werden dem GOFUS Projekt „PLATZ DA!" zur Verfügung gestellt. In einem lebensbegleitenden Projekt werden wirtschaftlich schwächer gestellte Kinder und Jugendliche entsprechend ihres Alters gefördert: Es werden Spielplätze für die Jüngsten gebaut und Mehrzweckplätze für Kinder und Jugendliche. Das GOFUS Netzwerk soll eingesetzt werden, um Praktikums- und Ausbildungsplätze zu akquirieren.

„Etwas von dem eigenen Glück zurück geben." Dieser einfache Satz war und ist bis heute die große Motivation aller Mitglieder des GOFUS e.V. Mitglieder, die fast ausnahmslos durch den Sport zu dem geworden sind, was sie heute sind. Mit Talent, Fleiß und harter Arbeit. Aber jeder einzelne hatte auch das Glück, auf seinem Weg auf Menschen zu stoßen, die im entscheidenden Moment die Weichen in die richtige Richtung gestellt haben.

Gestern wie heute gibt es aber eine Reihe gerade von jungen Menschen, die scheinbar keine Chance haben. Kinder und Jugendliche, die aufgrund ihrer Herkunft oder aufgrund der sozialen Verhältnisse am Rande unserer Gesellschaft leben. Die Sozialisation dieser Menschen ist geprägt von der Zunahme objektiver Gefährdungen, misslingenden Integrationsprozessen, wachsender Orientierungslosigkeit und mangelnder Unterstützung im sozialen Umfeld.

Wir wollen helfen! Wir wollen Raum für Spiel,- Sport- und Bewegungsangebote schaffen und damit einen Beitrag zur Förderung der Lebens- und Sozialkompetenz leisten. Wir wollen uns einbringen. Wir wollen unsere Verbindungen nutzen, um denjenigen Chancen zu bie-

Ein Vorwort von Norbert Dickel

ten, die keine haben. Die GOFUS möchten ihre Popularität nutzen, um möglichst viele Menschen als Förderer und Botschafter für diese Idee zu gewinnen.

Seit dem Start der Aktion wurden im Rahmen von PLATZ DA! über 60 Spiel- und Bolzplatz Projekte realisiert. Dahinter steht ein Projekt- und Spendenvolumen von mehr weit über eine Million Euro und wir können jeden weiteren Euro gut brauchen. Wahrscheinlich können Sie es jetzt gut nachvollziehen, warum ich mir wünsche, dass dieses Buch ein Bestseller wird, denn jedes verkaufte Buch bringt 5 Euro für unser Spendenkonto. Selbstverständlich können Sie uns auch direkt unterstützen. Besuchen Sie einfach unsere Internetseite, dort erfahren Sie noch mehr über uns und unsere karitativen Aktionen: www.gofus.de !

Ein weiterer Grund, warum ich gern diese Zeilen tippe, ist das überzeugende Konzept des Buches. Den Fußballsport heranzuziehen, um Aspekte des Berufslebens bildhaft deutlich zu machen, funktioniert nämlich hervorragend. Fußball löst Emotionen und Kino im Kopf aus und dieser Sport erreicht fast jeden. Bei einem Vortrag, den ich im Oktober 2006 für die „Deutsche Gesellschaft für Qualität" präsentieren durfte, konnte ich erleben, dass ich mit meinen Geschichten aus dem Leben eines Profifußballers bestens die Aufmerksamkeit der Tagungsteilnehmer gewinnen konnte. Daher bin ich mir sicher, dass Rolf Schmiel Sie mit seinen gesammelten Zitaten und Anekdoten rund um den Fußball nicht nur gut unterhalten wird, sondern dass seine Impulse zur Vertriebsmotivation und Verkaufspsychologie Ihnen erfolgbringende Erkenntnisse liefern werden.

Und der wichtigste Grund ist: Ich mag den Autor. Wir kennen uns schon seit fast zehn Jahren und ich durfte mit ihm schon einige tolle Abende erleben. Er ist ein großartiger Entertainer und inspirierender Referent, der stets für gut gelaunte Begegnungen sorgt. Hoffentlich haben Sie einmal die Gelegenheit, Rolf Schmiel live zu erleben. Seine Art, fundiertes Wissen amüsant zu vermitteln, macht einfach Spaß und denselben werden Sie auch garantiert mit den kommenden rund 150 Seiten haben.

Ich wünsche Ihnen viel Vergnügen und gute Umsätze!

Norbert Dickel

warmlaufen

Faszination Fußball

Als ich ein Jahr vor der Fußballweltmeisterschaft 2006 in Deutschland meinen Erlebnisvortrag „Wichtig ist auf dem Platz – Fußballweisheiten für den Vertriebserfolg" im Auftrag des Unternehmens Dannemann entwickelte, wurde mir erst bewusst, was für ein facettenreiches Phänomen der Fußballsport ist.

> *Was ich schließlich am sichersten über Moral und Verantwortung weiß, verdanke ich dem Fußball.*
>
> Albert Camus

Seit meiner Kindheit spiele ich selbst begeistert Fußball, wenngleich meine spielerischen Fähigkeiten nie für mehr als Kreisliganiveau reichten. Doch der Kampf, der Teamgeist und die Emotionen dieses Sports fesseln mich bis heute. Allein in Deutschland geht es 10 Millionen Menschen ähnlich, die regelmäßig in Vereinen und Hobbymannschaften kicken und rennen. Zugegeben, bei den Alten Herren wird mittler-

warmlaufen

weile auch viel gestanden. Aber trotz Bierbauch und Kurzatmigkeit trifft man sich und frönt seinem Lieblingssport, wenn auch bei einigen die 3. Halbzeit immer wichtiger wird.

Weltweites Fußballfieber

Neben den sportlichen Aspekten des Fußballs sind es gerade die Faktoren Geselligkeit und Gemeinschaftsgefühl, die den Fußball zur beliebtesten und am weitesten verbreiteten Sportart der Welt machen. Laut Angaben des Weltfußballverbandes FIFA spielten im Jahre 2006 über 265 Millionen Menschen in über 200 Ländern Fußball. Davon sind über 38 Millionen in weltweit über 325.000 Vereinen organisiert. 207 Länder und autonome Regionen sind Mitglieder der FIFA.

Es wird aber nicht nur auf der ganzen Welt Fußball gespielt, sondern es gehen auch Millionen Menschen regelmäßig in Fußballstadien, um dem Spiel zuzuschauen. Die 306 Spiele der Fußball-Bundesliga-Saison 2004/05 besuchten über 11,56 Millionen Zuschauer (im Schnitt 37.781 Zuschauer). Die höchste jemals dokumentierte Zuschauerzahl bei einer einzigen Partie lautet 199.854

(WM 1950, Brasilien-Uruguay im Maracanã-Stadion).

Darüber hinaus hat Fußball einen wichtigen sozial verbindenden Einfluss: Die Fußballinteressierten sind aus allen Altersgruppen. Ähnlich ist es beim Publikum: Es zieht nahezu alle Gesellschaftsschichten auf die regionalen Fußballplätze und in die modernen Arenen. Außerdem ist Fußball für die Medien von großer Bedeutung, er füllt die regionalen und überregionalen Zeitungen sowie die Fachzeitschriften und sorgt für höchste Einschaltquoten im Fernsehen.

Fußball verbindet

Wenn ich bei Vertriebstagungen oder bei Firmenevents meinen Vortrag präsentiere, darf ich es jedes Mal selbst erleben, wie dieser Sport die Menschen miteinander verbindet. Ob Vorstandsmitglied oder Azubi – mit dem Thema Fußball erreicht man (fast) jeden. Dank der großen Erfolge unserer Frauenfußballnationalmannschaft – die Damen sind sechsfacher Europameister und wurden zweimal hintereinander Weltmeister – und der Attraktivität mancher männlicher Fußballstars sowie der gro-

warmlaufen

TOP 10 DER FUßBALL-STILBLÜTEN

10) Lothar Matthäus
I look not back, I look in front.

9) Aage Fjörtoft
Da wir so viele Verletzte hatten, konnte der Trainer zum Schluss nur noch zwischen dem Busfahrer und mir auswählen. Der Busfahrer hatte jedoch keine Turnschuhe dabei, so dass ich dann ins Spiel gekommen bin.

8) Max Merkel
Im Training habe ich mal die Alkoholiker meiner Mannschaft gegen die Antialkoholiker spielen lassen. Die Alkoholiker gewannen 7:1. Da war's mir wurscht. Da hab i g'sagt: Sauft's weiter!

7) Berti Vogts
Hass gehört nicht ins Stadion. Solche Gefühle soll man gemeinsam mit seiner Frau daheim im Wohnzimmer ausleben.

6) Andreas Möller
Mailand oder Madrid - Hauptsache Italien!

5) Bruno Labbadia
Das wird alles von den Medien hochsterilisiert.

4) Paul Breitner
Dann kam das Elfmeterschießen. Wir hatten alle die Hosen voll, aber bei mir lief`s ganz flüssig.

3) Steffen Freund
Es war ein wunderschöner Augenblick, als der Bundestrainer sagte: „Komm, Stefan, zieh deine Sachen aus, jetzt geht`s los".

2) George Best
Ich habe viel von meinem Geld für Alkohol, Weiber und schnelle Autos ausgegeben. Den Rest habe ich einfach verprasst.

1) Erik Mejer
Nichts ist scheißer als Platz 2!

warmlaufen

ßen Euphorie bei der WM 2006 können sich auch immer mehr Frauen für diesen Sport erwärmen.

Obwohl Fußball ein Thema ist, das bei Tagungen viele Mitarbeiter anspricht, ruft doch der Untertitel meines Vortrags „Fußballweisheiten für Ihren Vertriebserfolg" hin und wieder Stirnrunzeln hervor. Möglicherweise liegt es daran, dass wenige Weisheiten, dafür aber weit mehr witzige Stilblüten prominenter Fußballer bekannt sind. Im Kapitel „Finale" habe ich Ihnen die schönsten Fußballzitate prominenter Spieler und Trainer zusammengestellt.

Selbstverständlich besteht weder mein Vortrag noch dieses Buch nur aus heiteren Fußballersprüchen. Auf den folgenden Seiten möchte ich Ihnen anhand eines speziellen Motivationskonzepts Wege aufzeigen, wie Sie als Manager oder Verkäufer beruflich und privat Ihr Leben noch erfolgreicher gestalten können.

Runter von der Couch

Keine Sorge: Sie werden nicht „Tsjaakka!" schreien oder über glühende Kohlen laufen müssen. Dieses Buch macht es sich auch nicht zur Aufga-

be, krampfhaft Parallelen zwischen Ihrer Vertriebstätigkeit und dem Fußballsport zu konstruieren. Es hat vielmehr das Ziel, Ihre Wahrnehmung zu schärfen, Ihr Wissen über Motivations- und Leistungspsychologie zu steigern und Sie für effektiveres Handeln zu aktivieren. Erst wenn Sie einzelne Ideen, die Sie auf den kommenden Seiten finden werden, tatsächlich umsetzen, eröffnen sich für Sie Möglichkeiten, so dass tatsächlich eine nachhaltig positive Veränderung in Ihrem Berufs- und Privatleben auftritt. Denn eins ist sicher, wenn Sie einfach nur dieses Buch durchblättern und sich über manche Zitate amüsieren, werden Sie nicht zu einem besseren Manager oder Verkäufer werden. Sie kennen das selbst, um besser Fußball zu spielen, reicht es garantiert nicht aus, regelmäßig auf der Couch sitzend, Chips und Bier genießend die „Sportschau" im Fernsehen zu gucken. Sie müssen schon selbst aktiv werden!

Damit Sie aktiv werden oder mit Begeisterung daran arbeiten, Ihr volles Potential zu nutzen, habe ich für Sie wertvolle Erkenntnisse der psychologischen Forschung auf unterhaltsame

warmlaufen

*Mein Problem ist,
daß ich immer sehr
selbstkritisch bin,
auch mir selbst gegenüber.*

Andreas Möller

Weise aufbereitet. Auch wenn sämtliche Erkenntnisse, die in diesem Buch vorgestellt werden, wissenschaftlich fundiert sind, werde ich Sie nicht mit Statistiken und komplizierten Forschungsmethoden langweilen, sondern Ihnen nur die wertvollen Ergebnisse vermitteln und damit dabei der Spaß nicht zu kurz kommt, lasse ich hin und wieder einen Geistesblitz eines Fußballstars aufleuchten.

Bevor ich Ihnen nun die einzelnen Bausteine des bereits angesprochenen Motivationskonzepts näher erläutere, lassen Sie uns den Gedanken von Andy Möller aufgreifen. Wie sieht es mit Ihrer persönlichen Kritikfähigkeit aus?

Kritik? – Ja, bitte!

In meinen Trainings mit Managern und Verkäufern musste ich häufig feststellen, dass die Fähigkeit Kritik anzunehmen bzw. selbstkritisch mit sich umzugehen, sich in drei Formen ausprägt. Zum einen gibt es leider den beratungsresistenten Mitarbeiter. Er zeigt weder Einsicht noch nimmt er Vorschläge und Ideen von außen an. Aus einer Unsicherheit heraus redet er sich selbst so stark, dass es ihm unmöglich ist, die Hilfestellungen anderer anzunehmen. Diese Verbohrtheit führt dazu, dass es ihm nicht nur versagt bleibt, sein volles Potential abzurufen, sondern er wird auch in zwischenmenschlichen Begegnungen zu einer Belastung, da seine Besserwisserei eher unsympathisch wirkt. Übrigens zeigen psychotherapeutische Untersuchungen, dass dieses Verhalten häufig mit regelmäßigem Alkoholmissbrauch einhergeht. Hinterfragen Sie sich einmal selbst: Haben Sie solche Tendenzen oder gehören Sie zu den Topleuten, die sich durch die optimale Mischung aus Selbstsicherheit und Offenheit für Feedback auszeichnen?

Personal Coaching

Es sind nämlich gerade die Besten einer Mannschaft oder eines Unternehmens, die gern einen Rat annehmen und die darauf brennen zu erfahren, in welchen Bereichen sie sich noch verbessern können. Sie sind neuen Ideen gegenüber offen und lassen sich gern von einleuchtenden Ratschlägen überzeugen.

Im Spitzensport wäre es undenkbar, dass ein Athlet, selbst wenn er schon die Nummer 1 der Welt ist, ohne einen Trainer, der ihm Feedback und Verbesserungshinweise gibt, an seinen Fähigkeiten arbeiten würde. Auch Spitzenpolitiker und Wirtschaftskapitäne lassen sich, auch nachdem sie Toppositionen erreicht haben, von erstklassigen Beratern und Trainern weiterhin coachen.

Leider fehlt vielen durchschnittlichen Managern oder Verkäufern diese Einsicht. In deren Augen sind Trainings und Fachbücher nur etwas für Anfänger. Ihr

Feedback ist das Frühstück der Champions.

Ken Blanchard

warmlaufen

Erfahrungsreichtum sei ihres Erachtens mehr als ausreichend, um die aktuellen und zukünftigen Herausforderungen zu meistern. Wenn diese dann von jungen, lernfreudigen und kritikfähigen Kollegen links und rechts auf der Karriereleiter überholt werden, verstehen sie die Welt nicht mehr und ärgern sich über diese Ungerechtigkeit.

Nehmen Sie den Hinweis „Feedback ist das Frühstück der Champions" des Management-Gurus Ken Blanchard ernst und fragen Sie einmal bei Ihren Kollegen, Freunden und Kunden nach, welchen Eindruck Sie in Begegnungen hinterlassen und wie diese Ihre Leistungsfähigkeit und –bereitschaft einstufen; möglicherweise werden Sie überrascht sein. Denn oft hat das Umfeld ein ganz anderes Bild von uns, als wir vermuten. Analysieren Sie das Feedback, das Sie erhalten. Freuen Sie sich über Ihre Stärken, die Sie unbedingt weiter ausbauen sollten, und sehen Sie Ihre Schwächen als Entwicklungschancen.

Aber verfallen Sie bitte nicht in die dritte Form der Feedback-Reaktionen! Verkneifen Sie es sich zu jammern und sich klein zu reden. Im Kapitel Handlungsorientierung verrate ich Ihnen zwei einfache Methoden, wie Sie ein angekratztes Selbstvertrauen in gesunde Souveränität verwandeln.

Sir Ramseys Erfolgsgeheimnis

In jedem der kommenden Kapitel finden Sie genügend praxiserprobte Konzepte, die einfach umzusetzen sind und Sie auf Erfolgskurs bringen werden. Die Grundidee, die die Kapitel des Buches zusammenführt, entdeckte ich vor Jahren in einem alten englischen Sportmagazin, an dessen Titel ich mich leider nicht mehr erinnern kann. Dort fand ich ein Interview mit Sir Alf Ramsey.

Sir Alfred Ernest Ramsey war ein englischer Fußballspieler und Trainer. Von 1963 bis 1974 trainierte er die englische Fußballnationalmannschaft, mit der er an zwei Fußballweltmeisterschaften teilnahm. Bei der Fußballweltmeisterschaft 1966 im eigenen Land wurde er mit dem englischen Team Weltmeister. Er ist der einzige Trainer, dem es gelungen ist, die Nationalmannschaft aus dem Mutterland des Fußballs zum WM-Titel zu führen.

In dem Interview, dass kurz vor seinem Tod im Jahr 1999 geführt wurde,

Let's be great!

Sir Alf Ramsey

fragte man ihn nach seiner Erfolgsphilosophie. In nur einem markigen Satz faste er die aus seiner Sicht wichtigsten Eigenschaften und Einstellungen zusammen, die erfolgreiche Persönlichkeiten ausmachen. Als ich mich daraufhin intensiver mit seiner Erfolgsphilosophie beschäftigte, musste ich feststellen, dass seine Ansichten von allen bekannten Motivationsexperten wie Anthonny Robbins, Brian Tracey und Jörg Löhr geteilt werden und psychologische Forschungsarbeiten ebenfalls diese bestätigen. In meinen Seminaren und Vorträgen habe ich anhand Ramseys Konzept schon tausenden Managern und Verkäufern gewinnbringende Impulse gegeben. Diejenigen der Seminarteilnehmer, die bereit waren, seine Ideen in ihrem Geschäfts-

warmlaufen

leben einzubauen, konnten nachweislich in nur sechs Monaten Umsatzsteigerungen von 20 bis 30% erwirtschaften. Aus diesem Gründen bin ich davon überzeugt, dass auch Sie spürbar von der Weisheit des Fußballtrainers Sir Alf Ramsey profitieren werden.

Sein Erfolgsslogan lautet: *Let's be great!*

Seien Sie bitte nicht enttäuscht von diesem Satz, denn in ihm steckt mehr drin, als Sie vielleicht im Moment vermuten. Jeder Buchstabe des Wortes „great" steht stellvertretend für eine bestimmte Erfolgsdisziplin. In den folgenden fünf Kapiteln werde ich ausführlich diese Disziplinen beleuchten. Jetzt möchte ich Ihnen zunächst einen kleinen Überblick geben:

G = goal-orientation

Im Kapitel „Goool!" stelle ich Ihnen die einzelnen Aspekte der Zielorientierung vor. Obwohl es seit vielen Jahren bekannt ist, dass das Setzen von Zielen eine überaus effektive Methode zur Selbst- und Fremdmotivation ist, nutzen weniger als 3% der arbeitenden Bevölkerung diese Technik. Wie Sie aus Ihren vagen Wünschen inspirierende Ziele werden lassen, warum Ziele Sie zu Spitzenleistungen aktivieren und was Sie beim Setzen Ihrer Ziele unbedingt beachten sollten, dies und noch viel mehr erfahren Sie im Kapitel zum Buchstaben G des Great-Konzepts.

R = result-orientation

Die meisten Verkäufer und Vertriebsmanager sind begabte Selbstdarsteller, die es verstehen, sich gekonnt in Szene zu setzen und wortgewandt über ihre Erfolge zu berichten. Eine viel deutlichere Sprache als eloquente Selbstbeweihräucherungen sprechen messbare Ergebnisse. Es kommt im Verkaufsleben nicht darauf an, wie viele Kundenbesuche man täglich absolviert oder wie beliebt man bei seinen Kunden ist, das Einzige, was zählt, sind die gewinnbringenden Fakten: Umsatz, Neukundengewinnung und Kundenbindung! Einige wertvolle Ideen aus dem Bereich der Verkaufspsychologie, die Ihnen helfen sollen, die soeben genannten Aspekte noch erfolgreicher zu gestalten, habe ich für Sie im Kapitel „Hauptsache: 3 Punkte!" zur Ergebnisorientierung zusammengestellt.

warmlaufen

E = excellence-orientation

Das Streben nach Spitzenleistungen – dies ist der Inhalt des Kapitels „Dahin gehen, wo es weh tut!" – hat nichts mit Perfektionismus oder übertriebenem Ehrgeiz zu tun. Es ist viel mehr ein Gegenentwurf zur häufig beobachtbaren resignativen Lebenszufriedenheit vieler Menschen. Leider gibt es zu viele in unserer Gesellschaft, die sich mit ihrer Situation einfach abfinden und ihre Träume aufgeben, statt um sie zu kämpfen. Ich kenne 70jährige, die mehr Lebensfreude haben, trotz Krankheit und ernstzunehmenden Belastungen, als manche Mitzwanziger, die, obwohl sie kerngesund sind, es vorziehen, auf dem Sofa liegend sich die Lebensträume von anderen auf RTL2 anzuschauen, als selbst ihr Leben erfüllend zu gestalten. In diesem Kapitel verrate ich Ihnen u.a., wie Sie Ihre Leistungsfähigkeit durch erfolgbringende Gewohnheiten nachhaltig steigern können.

A = action-orientation

Es gibt Managementgurus, die sogar behaupten „Action is everything!". Auch ich bin davon überzeugt, dass es überaus wichtig ist, vom Planen zum eigentlichen Handeln zu kommen. Vielen Menschen fehlt einfach der Mut, aus ihren Ideen Realität werden zu lassen. Die Angst, zu versagen oder Fehler zu machen, ist einfach zu groß! Dieses Kapitel zur Handlungsorientierung soll Sie motivieren, kraftvoll und zuversichtlich Ihren eigenen Weg zu gehen.

T = training-orientation

In dieser Einführung habe ich schon auf die Bedeutung der eigenen Kritikfähigkeit und der Bereitschaft, an seiner Leistungsfähigkeit zu arbeiten, hingewiesen. Im Kapitel zur Entwicklungsorientierung gehe ich noch intensiver auf diese Aspekte ein und stelle Ihnen außerdem meine Lieblingsbücher zu den Themen Verkauf und Motivation vor. Sie müssen nicht wie ich zwei bis drei psychologische Fachbücher pro Monat lesen, aber es sollte auch nicht auf Sie das zu treffen, was mir vor zwei Jahren ein Verkaufsleiter verriet, dem ich ein Buch empfohlen hatte. Er hatte seit 20 (!) Jahren kein Buch mehr gelesen! In diesem Zusammenhang möchte ich auf eine Untersuchung des

warmlaufen

warmlaufen

amerikanischen Buchhandelverbands aufmerksam machen, die ergab, dass die meisten Menschen mit einer Wahrscheinlichkeit von über 80% die Bücher, die sie kaufen, nicht komplett durchlesen. Hoffentlich gehören Sie zu den anderen 20%, denn auf den letzten Seiten dieses Buches wartet auf Sie eine wertvolle Überraschung!

Neben dem soeben aufgeschlüsselten Great-Konzept stammt auch von Sir Alf Ramsey der berühmte Rat „Never change a winning team!". Auch wenn der letztere vom Rotationsprinzip des Ottmar Hitzfeld bereits abgelöst wurde, bin ich mir sicher, dass Ramseys Erfolgskonzept, das Sie in diesem Buch nun intensiv für sich entdecken werden, auch noch in 100 Jahren Gültigkeit haben wird!

Rolf Schmiel

GOOOL!!!
Zielorientierung

Goool: Zielorientierung

Das Geheimnis des Erfolges liegt in der Zielstrebigkeit.

Uli Hoeneß

Als am 24. Juni 2004 Rudi Völler seinen Rücktritt als Trainer der deutschen Fußballnationalmannschaft bekannt gab, lag der deutsche Fußballsport am Boden. Die Nationalmannschaft war bei der Europameisterschaft 2004 in Portugal bereits in der Vorrunde ausgeschieden.

Doch die Schwächen dieses Teams deuteten sich schon während der EM-Qualifikation an, wie im September 2003, als es der deutschen Mannschaft nicht gelang, gegen den Fußballzwerg Island ein einziges Tor zu schießen und sie mit einem frustrierenden 0:0 den Platz verlassen musste. Einziges Highlight der Partie war das legendäre Fernsehinterview von Waldemar Hartmann mit dem deutschen Teamchef Rudi Völler, der dem Reporter in einem unvergesslichen Wutausbruch unterstellte, „Waldi" hätte schon „drei Weizenbier getrunken" und könne somit ganz „locker" negativ über die deutsche Mannschaft berichten.

Für die Qualifikation zur EM reichten dann zwar noch die Leistungen der Nationalmannschaft aus, doch im entscheidenden Vorrundenspiel gegen eine B-Elf Tschechiens verloren die Mannen um Michael Ballack mit 1:2. Das spielerische Niveau des Teams war auf dem Nullpunkt angelangt. Außerdem fehlte der Mannschaft die richtige Einstellung und ein modernes, offensiv ausgerichtetes System. Nach dem frühen Ausscheiden bei der EM und dem Rücktritt Völlers forderten die Medien einen Neuanfang beim DFB mit einem frischen Mann an der Spitze des Trainerstabs.

Obwohl zu diesem Zweck vom DFB extra eine Trainerfindungskommission ins Leben gerufen wurde, war kein renommierter Trainer, wie Ottmar Hitzfeld, Otto Rehagel oder auch ausländische Kapazitäten, wie Arsène Wenger oder Guus Hiddink bereit, die Verantwortung zu übernehmen und die deutsche Nationalmannschaft auf die WM 2006 im eigenen Land vorzubereiten und mit ihr diese erfolgreich zu bestehen.

Goool: Zielorientierung

Das sind Gefühle,
wo man schwer beschreiben kann.

Jürgen Klinsmann

Jürgen-Klinsmann-Story

Nach einer vierwöchigen Suche präsentierten dann Gerhard Mayer-Vorfelder und Werner Hackmann den ehemaligen Nationalspieler und Weltmeister von 1990 Jürgen Klinsmann als neuen Bundestrainer. Das war eine echte Überraschung, denn Klinsmann hatte zuvor noch nie als Profitrainer gearbeitet. Für ungläubiges Kopfschütteln sorgte dann noch bei der Pressekonferenz am 24. Juli 2004 seine Aussage: „Ich will Weltmeister werden!"

Die nächsten zwei Jahren wurden für Jürgen Klinsmann zu einer ständigen Zerreißprobe. Ob durch Franz Beckenbauer, Ulli Hoeneß oder die Bild-Zeitung – Jürgen Klinsmanns Vorgehen und Entscheidungen wurden ständig kritisiert und er als Person und Trainer stark in Frage gestellt.

Als Jürgen Klinsmann nach der WM in Deutschland gefragt wurde, woher er die Kraft nahm, die Rückschläge und auch persönlichen Enttäuschungen zu verarbeiten, die er in der Zeit, bevor er zum Liebling der Nation wurde, hinnehmen musste, sagte er: „Mein Ziel, Weltmeister zu werden, hat mich stets motiviert und die nötige Power gegeben, meinen eigenen Weg konsequent zu gehen."

Zugegeben sein Ziel, hat er nicht erreicht. Die Mannschaft wurde nur dritter. Doch der Sieg im kleinen Finale wurde gefeiert wie der WM-Titel. Jürgen Klinsmann schenkte den Deutschen ein unvergleichliches Sommermärchen, das die gesamte Nation in Euphorie versetzte.

Jürgen Klinsmanns Zielorientierung war das Fundament seines sensationellen Erfolges. Nicht nur er, sondern auch viele andere Spitzensportler, Geschäftsleute und Wissenschaftler greifen täglich auf die Methode der Zielsetzung zurück, um sich selbst und andere zu motivieren und einzigartige Leistungen hervorzubringen. Die

Wirksamkeit dieser Methode wird von unzähligen wissenschaftlichen Studien sowie durch die Erfahrungen vieler erfolgreicher Persönlichkeiten eindeutig bestätigt.

In diesem Kapitel werden Sie erfahren:

1. Warum Ziele wichtig sind!

2. Wie sich Ziele von Wünschen und Träumen unterscheiden!

3. Welche Wirkungen Ziele auf unser Handeln haben!

4. Wie man sich Ziele richtig setzt!

5. Wann wir diese Methode schon optimal nutzen, ohne es bewusst zu merken!

In meinen Seminaren eröffne ich diesen Themenblock mit einer unterhaltsamen Übung.

Die Seminarteilnehmer werden gebeten, sich zu entspannen und Ihre Augen zu schließen. Dann sollen Sie ihren rechten Zeigefinger in die Richtung ausstrecken, wo sie die Himmelsrichtung Norden vermuten. Nach dem jeder seinen Finger in die von ihm vermutete nördliche Richtung ausstreckt, dürfen alle ihre Augen öffnen und sich im Raum umsehen. Es zeigt sich ein verblüffendes Bild, fast jeder deutet in eine andere Richtung.

Es ist im Leben schwierig, wenn man nicht weiß, wo es lang geht, wenn einem hilfreiche Fixpunkte fehlen, sich optimal zu orientieren, um den richtigen Weg zu wählen. Viele Menschen habe schöne Träume und große Wünsche, doch für die meisten bleiben sie unerfüllt. Sie starten viel-

Wer im Leben kein Ziel hat, der verläuft sich!

Hennes Weisweiler

Goool: Zielorientierung

leicht sogar hoch motiviert, aber mit der Zeit verirren sie sich und geben dann frustriert auf.

Wir alle kennen das: Ohne eine klare Vorstellung davon, wohin wir wollen, ist es unmöglich, eine Route bzw. Strategie auszuarbeiten, um dorthin zu gelangen. Wenn wir verreisen, denken wir zunächst darüber nach, wo wir hin wollen und dann entscheiden wir uns für die beste oder auch schönste Möglichkeit, dorthin zu gelangen.

Aber planen und gestalten wir auch unser berufliches und privates Leben? Es ist immer wieder verwunderlich, dass die meisten Menschen mehr Zeit in die Planung eines Urlaubs investieren als in die Planung Ihres Lebens. Allen spontanen Menschen, denen eine Lebensplanung zuwider ist und die so gern sagen: „Ich lebe heute!", gilt die Frage: „Was ist, wenn Sie morgen auch noch leben?!"

Ich werde Ihnen gleich eine wissenschaftliche Studie vorstellen, die Ihnen aufzeigen wird, welche beeindruckende Wirkung Zielsetzungsmethoden auf die Leistungsfähigkeit der Menschen hat. Dabei ist Zielsetzung keine höhere Mathematik, sondern eine Methode, die jeder schnell erlernen und effektiv einsetzen kann. Man braucht dafür nicht mehr als einen Stift sowie ein Blattpapier und etwas Zeit.

Ziellos – aber warum?

Aber wenn es doch so einfach und wirkungsvoll ist, dann erlauben Sie mir die Frage: Warum setzen sich so wenige Menschen Ziele?

Die Antworten lassen sich zumeist unter den folgenden drei Aspekten zusammenfassen:

1. Sie wissen nicht wie!

2. Sie wissen nicht warum!

3. Sie haben Angst!

Sie wissen nicht wie!

Zu Sie wissen nicht wie! lässt sich sagen, dass den meisten Menschen gar nicht der Unterschied zwischen Zielen und Wünschen bekannt ist. Wenn Sie heute als Passant bei einer Straßenumfrage nach Ihren aktuellen fünf wichtigsten Zielen befragt worden wären, was hätten Sie gesagt? Antworten, wie „Ich muss noch Milch und Eier einkaufen!", wären nicht akzeptiert worden.

Was hätten Sie gesagt? Bei solch einer Befragung ist es faszinierend festzustellen, dass die meisten Kinder und Jugendlichen diese Frage sehr eindeutig beantworten

Goool: Zielorientierung

können. Sie sprechen dann über Schul- oder Ausbildungsabschlüsse, den Erwerb des Führerscheins, die erste Wohnung u.v.a.m.. Personen ab dem Alter von 30 Jahren tun sich hingegen schwer, konkrete Antworten zu geben.

Manche von ihnen äußern dann Wünsche, wie „Ich möchte im Lotto gewinnen!", „Ich würde gern ein Haus bauen." oder „Eine Weltreise machen!". Diese Antworten sind aber keine Ziele, sondern Wünsche. Alle Menschen haben Wünsche, aber nur drei Prozent von ihnen besitzten schriftlich fixierte Ziele.

Die Fähigkeit, sich Ziele zu setzen, ist entscheidend für Ihren persönlichen Erfolg. Eine Untersuchung der Universität von Kalifornien ergab, dass Menschen mit schriftlich fixierten Zielen pro Monat über 4000 Dollar mehr verdienen als Personen ohne schriftlich fixierte Ziele. Die Personen mit Zielen waren außerdem glücklicher, gesünder und hatten erfüllendere soziale Beziehungen.

Sie wissen nicht warum!

Zu Sie wissen nicht warum! gilt es zu erwähnen, dass in den deutschen Schulen vieles gelehrt wird, aber wichtige Themen wie Selbstmotivation werden selten angesprochen. Auch vielen Vorgesetzten sind Zielsetzungsmethoden unbekannt. Wenn Sie sich nicht in einem Umfeld befinden, in dem häufig über die Chancen der Zukunft diskutiert wird und man sich miteinander an den Erfolgen - das sind wahr gemachte Ziele - eines jeden einzelnen erfreut, ist es unwahrscheinlich, dass Ihnen jemand bereits verraten hat, welche Möglichkeiten durch Zielsetzung aktiviert werden können.

Zielsetzung ist eine Technik, die von Topunternehmen, Spitzensportlern und auch berühmten Künstlern angewandt wird. Sie alle setzen sich immer wieder herausfordernde Ziele, für die sie sich dann begeistert engagieren. Werden auch Sie ein Champion auf Ihrem Gebiet, indem Sie das, was Sie heute erlernen, gewinnbringend einsetzen.

Sie haben Angst!

Zu Sie haben Angst! Aus Angst zu versagen und sich eigene Schwäche eingestehen zu müssen, trauen sich viele Menschen erst gar nicht, sich mutige Ziele zu setzen. Aber gerade dieser fehlende Mut verhindert es, motivierende Erfolgserlebnisse zu haben. Doch für das Selbstwertgefühl ist es enorm wichtig zu erleben „He, Du kannst ja mehr, als Du glaubst!". Erst durch diese Erfahrungen wächst eine erfolgs- und zukunftsorientierte Persönlichkeit heran. Leider sieht

Goool: Zielorientierung

es bei den meisten Mensch eher so aus, dass sie ihre vorhandenen Möglichkeiten nicht annähernd nutzen.

Eine amerikanische Umfrage zum Thema „Chancenrealisierung" liefert ein verblüffendes Ergebnis. Was meinen Sie, wie viele Versuche im Durchschnitt unternimmt eine Person, um eine Sache, die sie sich vorgenommen hatte, zum Erfolg zu führen? – Versucht sie es dreimal oder wenigstens zweimal, bevor sie endgültig aufgibt? Die Antwort ist beschämend: Die Anzahl durchschnittlicher Versuche liegt bei 0,7.

0,7 Versuche – das heißt: Die meisten der Befragten versuchen es erst nicht einmal! Sie geben auf, bevor Sie überhaupt anfangen.

Mit richtig gesetzten Zielen wird Ihnen dies nicht passieren. Ziele steigern Ihre Ausdauer sowie Ihre Kampfbereitschaft und außerdem liefern sie beeindruckende Ergebnisse.

Harvard-Studie zur Zielorientierung

Dies wurde von einer wissenschaftlichen Langzeitstudie der psychologischen Fakultät der Harvard-Universität bewiesen. Im ersten Schritt dieser Studie wurden die Universitätsabsolventen eines bestimmten Jahrgangs der Betriebswirtschaftslehre befragt, wer von ihnen Ziele habe:

- **84% hatten keine konkreten und längerfristigen Ziele (C)**

- **13% hatten Ziele, aber nicht schriftlich fixiert (B)**

- **3% hatten schriftlich fixierte Ziele (A).**

Es ist schon verwunderlich, dass an einer amerikanischen Elite-Uni nur so wenige Studenten konkrete, längerfristige Ziele hatten. Schon gar, wenn man sieht, welche beeindruckenden Auswirkungen die obigen Tatsachen auf den beruflichen Erfolg haben.

10 Jahre später wurden dann die damaligen Studenten nach ihrem monatlichen Einkommen befragt. Es gab sich folgender Effekt:

- **B-Absolventen verdienten im Durchschnitt doppelt so viel wie die C-Absolventen.**

- **A-Absolventen verdienten im Schnitt 10mal (!) so viel wie (C) und (B) zusammen.**

Goool: Zielorientierung

Eine Clusteranalyse (statistisches Verfahren) ergab, dass tatsächlich nur die Zielsetzungsmethode als erklärender signifikanter Faktor benannt werden konnte – nicht etwa Intelligenz, Status der Eltern oder das Geschlecht der Absolventen.

Wenn Sie nicht glauben, dass Ziele einen so starken Effekt haben können, beweise ich Ihnen das mit einer Erfahrung, die Sie garantiert schon selbst gemacht haben. Obwohl Sie wahrscheinlich nicht bewusst so vorgingen, gab es in Ihrem Leben Momente, in denen Sie mit Hilfe von konkreten, schriftlichen Zielen Ihren Job gemanagt haben. Und wenn Sie es dann getan haben, waren Sie selbst überrascht, welches Potential in Ihnen steckt.

Die Woche, bevor Sie in den Urlaub fahren

Es gibt eine Zeit im Jahr, da wächst fast jeder über sich hinaus. Das ist die Woche, bevor Sie in den Urlaub fahren. Stimmt doch, oder?!

Goool: Zielorientierung

In diesen wenigen Tagen schaffen viele mehr als sonst in einem ganzen Monat. Woher kommt diese Leistungsexplosion? Wie ist es möglich, dass plötzlich Dinge in wenigen Stunden erledigt werden, für die man sonst Tage braucht? – Und ist dieses Gefühl nicht großartig, wenn man dann am letzten Tag sein Büro verlässt, hinter sich die Tür zumacht und weiß, man hat alles geschafft, was man sich vorgenommen hat?

Was machen wir an diesen Tagen anders, was treibt uns an? Es sind vier Aspekte, die zu diesem überraschenden Ergebnis führen.

Organisation

Sie wissen, dass Sie nur noch wenige Tage Zeit haben und deshalb notieren Sie sich, was Sie erledigen müssen. Zumeist bringen Sie diese Punkte in eine Reihenfolge, sortiert nach Wichtigkeit bzw. Dringlichkeit. Sie planen, wie viel Zeit Sie für die einzelnen Aufgaben benötigen. Wenn es sein muss, kommen Sie morgens etwas eher und bleiben auch noch ein bisschen länger. Auf Ihrem Schreibtisch schaffen Sie Ordnung. Endlich haben Sie den Mut, manches zu delegieren, und Sie verabschieden sich von Projekten, die Ihnen unnötig Zeit rauben.

Konzentration

Ihre Planung macht es erforderlich, dass Sie sich in dieser Woche von nichts und niemandem ablenken lassen. Bei Besprechungen und Kundenbesuchen sind Sie von Ihrer eigenen Effizienz beeindruckt. Firmentratsch, der Sie sonst gern erheitert und oftmals eine willkommene Pause schafft, interessiert Sie in dieser Woche überhaupt nicht. Sie haben nur Ihr Ziel vor Augen, deshalb bleiben Sie konzentriert bei der Sache. Sie überwinden Ihren inneren Schweinehund und zeigen ausgeprägte Selbstdisziplin in allem, was Sie tun.

Vision

Die Kraft für Ihre Spitzenleistung entsteht aus Ihrer Vision: Endlich Urlaub und wohlverdient ausspannen! Die Vorstellung, wie schön es sein wird, am Strand dem Meer zu lauschen oder in den Bergen die unbeschreibliche Aussicht zu genießen, lässt Sie schwache Momente leicht überwinden. In Ihnen lebt eine positive Einstellung, die Sie nachhaltig beflügelt.

Motivation

In diesen Tagen entdecken Sie, dass echte Motivation eigentlich immer Selbstmotivation ist. Sie brauchen keinen Chef, der Ihnen Druck macht oder Ihnen auf die

Schulter klopft. Sie wissen selbst, was zu tun ist, und freuen sich über Ihre Leistungsfähigkeit. Sie benötigen niemanden, der Sie kontrolliert, denn Sie sind in diesen Tagen selbst Ihr strengster Kritiker. Und mit jedem Tag, der dem Urlaub näher kommt, wachsen Sie weiter über sich hinaus. Sie arbeiten am oberen Limit Ihrer Möglichkeiten. Wenn Sie nach Hause kommen, sind Sie zwar erschöpft, aber glücklich.

Wirkung von Zielen

Wie wirken sich nun Ziele auf unser Handeln aus. Wissenschaftliche Studien zeigen, dass Ziele unser Handeln optimieren.

Handlungsrichtung

Es zeigen sich drei Effekte: Zum einen haben Ziele eine Auswirkung auf die Handlungsrichtung. Erst durch ein Ziel wissen Sie, welche Anstrengungen Sie zu leisten haben. Sie können klare Entscheidungen treffen. Sinnbildlich gesprochen bedeutet dies: Wer zu einem bestimmten Zeitpunkt an einem bestimmten Ort sein möchte, kann genau einschätzen, dass manche Ablenkungen und größere Pausen besser zu vermeiden sind. Und wer in den Süden will, wird sich nicht nach Norden orientieren. Ziele geben Ihrem Leben eine Richtung. Denken Sie an das

Zitat von Hennes Weisweiler! Etwas umformuliert, kann man auch sagen: Wer ein Ziel hat, der geht seinen Weg!

Handlungsintensität

Mit diesem Gedanken leite ich zum zweiten Effekt über: Die Auswirkung von Zielen auf die Handlungsintensität. Ziele geben uns die Möglichkeit, den eigenen Ist-Zustand mit dem Soll-Zustand zu vergleichen. Je nachdem, wie weit wir von unserem Ziel noch entfernt sind, desto mehr müssen wir uns anstrengen. Wenn ein Sportler sich ein Leistungsziel für einen Wettkampf gesetzt hat, kann er im Training seine aktuellen mit den angestrebten Leistungen vergleichen. Dies gilt auch für Sie im Vertrieb. Wenn Sie wissen, dass Sie noch weit von Ihrem Soll entfernt sind und Sie sich Ihren Zielen verpflichtet fühlen, dann werden Sie nach Ihrem Soll-Ist-Vergleich vollen Einsatz zeigen. Und was ist, wenn es einem so gut wie nie gelingt, sein Ziel zu erreichen? Dann muss er seine Ziele neu definieren. Wie man seine Ziele optimal gestaltet, das wird Ihnen gleich verraten.

Handlungsausdauer

Zuvor erläutere ich Ihnen den dritten Ziel-Effekt. Ziele wirken sich auch noch auf die Ausdauer unseres Handelns aus. Wer ein

Goool: Zielorientierung

begeisterndes Ziel vor Augen hat, kennt nicht nur die Richtung seines Tuns und bringt sich voll und ganz ein, sondern er bleibt auch länger, geduldiger und ausdauernder bei der Sache. Menschen mit klaren und motivierenden Zielen geben nicht nur 100, sondern 110%. Das sind diejenigen, die auf ihrem Gebiet Spitzenleistungen erbringen. Diese Personen werden für ihren besonderen Einsatz mehr als belohnt. Denn in den letzten 10% Anstrengung liegen nicht 10% mehr Erfolg. In diesen letzten 10% liegen oft 100 oder 1000% mehr Belohnung. Die Extrameile im Leben lohnt sich!

S.M.A.R.T. zielen

Damit aus Ihren Wünschen und Träumen begeisternde und lebensnahe Ziele werden, die Ihr Handeln optimieren, müssen Ihre Ziele eine bestimmte Struktur besitzen. Wer erfolgreich sein will, muss S.M.A.R.T. zielen!

Die Abkürzung S.M.A.R.T steht für die fünf Merkmale, die Ziele auszeichnen, die mit einer hohen Wahrscheinlichkeit realisiert werden und beeindruckende Auswirkungen auf unser Handeln haben.

Schriftlich und messbar

Das S steht für „schriftlich" und das M für „messbar". Sie müssen Ihre Ziele niederschreiben. Im Volksmund heißt es schon: Wer schreibt, der bleibt. Für Sie gilt: Wer schreibt, der wird! Denken Sie an die Hochschulabsolventen: Die 3%, die ihre Ziele schriftlich fixiert hatten, überflügelten die anderen um Längen. Außerdem ist es doch klar: Wenn Sie Ihre Ziele nicht notieren, wie wollen sie dann in 10 Jahren wissen, ob Sie Ihre Ziele tatsächlich erreicht haben?

Der nächste Schritt ist überaus wichtig. Sie müssen Ziele konkret und spezifisch beschreiben. Denn es reicht nicht zu sagen: „Ich möchte erfolgreich sein!". Das ist genauso als würden Sie beim Otto Versand anrufen und sagen: „Ich hätte gern was Nettes!" Wenn Sie Glück haben, schickt man Ihnen einen Katalog. Genau wie bei einer Bestellung, müssen Sie so präzise wie möglich sein. Je mehr Details sie anführen, desto wahrscheinlicher ist es, dass Sie von Ihrem Ziel begeistert sein werden und sich mit Leidenschaft auf das Erreichen Ihres Ziels konzentrieren können. Das bedeutet für Sie, wenn Sie sich ein Auto wünschen, dann reicht es nicht, nur Modell und Marke niederzuschreiben, sondern sich auch ein Bild von der Farbe, der Motorisierung und der Innenausstattung zu machen. Dieses Prinzip gilt für jeden Wunsch, den Sie in ein Ziel verwandeln wollen.

Goool: Zielorientierung

Machen Sie Ihr Ziel messbar. Schreiben Sie auf, wenn es Ihnen um Geld geht, wie viel mehr Sie pro Monat verdienen möchten, oder auch wie viel Kilo auf das Gramm genau Sie abnehmen möchten etc.. Es ist richtig, dass nicht jedes Ziel messbar ist. Wenn man jedoch gewisse Maßstäbe anlegt, weiß man immer, wo man sich auf dem Weg zum Ziel befindet.

Ausführbar und realistisch

Das „A" in SMART steht für ausführbar und das „R" für realistisch. Vielleicht überrascht Sie das, aber ein Wunsch kann nur zu einem Ziel werden, wenn er das Potential hat, erreichbar zu sein. Ein Ziel darf und soll sogar hochgesteckt sein, es muss aber einen realistischen Charakter besitzen. Viele Menschen haben Ziele, die völlig unerreichbar sind. Andere hingegen stecken Ihre Ziele so tief, dass sie keinerlei Herausforderung darstellen. Beide Ansätze werden Ihnen nicht dienlich sein. Sie müssen an Ihre Ziele glauben können und von ihnen begeistert sein. Nur so bleiben Sie auf lange Sicht motiviert.

Wer mit über vierzig davon träumt, Wimbledon-Champion zu werden, aber noch nie einen Tennisschläger in der Hand hatte, der befindet sich auf dem Holzweg. Deshalb lässt sich der beliebte Wunsch, sechs Richtige im Lotto zu haben, auch nicht als ein Ziel formulieren.

Noch ein wichtiger Hinweis: Sie können sich nur Ziele setzen, die Sie auch beeinflussen können. Es kann Sie nämlich krank machen, wenn Sie sich Ziele für andere Menschen setzen. Dazu gehören auch alle Liebeswünsche. Sie können einiges dafür tun, eine begehrenswerte Persönlichkeit zu sein oder zu werden. Dass Sie aber die Liebe oder die Freundschaft eines bestimmten Menschen auf Dauer für sich gewinnen können, steht nicht allein in Ihrer Macht. - Ebenso wenig das Lebensglück Ihrer Kinder. Manches ist außerhalb Ihres Einflussbereichs. Konzentrieren Sie sich auf die Dinge, die Sie tun können. Dann haben Sie schon genügend Herausforderungen.

Termingerecht

Der letzte Buchstabe, das „T", steht für termingerecht. Neben der schriftlichen Fixierung und der Spezifizierung ist die Terminierung (das bedeutet, das Vorgeben eines Zeitrahmens) eines der wichtigsten Merkmale von Zielen. Wenn eines der drei fehlt, ist es kein Ziel, sondern ein Wunsch. Schauen Sie sich noch einmal Ihre Wünsche an. Für welches von ihnen lässt sich ein Zeit-

Goool: Zielorientierung

rahmen, eine Deadline bestimmen. Erst der Termin, besser gesagt der Termindruck, wird in Ihnen die nötige Energie freisetzen, Ihre Ziele erreichen zu wollen. Denn erst, wenn eine Terminvereinbarung abzulaufen droht und Sie noch weit von Ihrem Ziel entfernt sind, wissen Sie, dass es an der Zeit ist, Gas zu geben.

Wer sich im Alter von 50 Jahren, ohne einen Cent in der Tasche, das Ziel setzt, Millionär zu werden, für den bekommt das Wort Deadline eine besondere Bedeutung.

Das ist sie, die SMART-Methode. Mit diesem Konzept können Sie schnell erkennen, welche Wünsche Hirngespinste sind und welche zu erstrebenswerten Zielen werden können. Mein Wunsch für Sie ist es, dass Sie Ihr Leben gestalten, planen, besser noch: designen. Machen Sie sich Gedanken über Ihre Zukunft. Damit meine ich nicht unnötige Sorgen, sondern visualisieren Sie, was Sie erleben und erreichen möchten.

Vielleicht ist Ihnen das zu viel Arbeit, sich ein paar Minuten Gedanken über Ihre Zukunft zu machen. Ich kann Ihnen versprechen, dass es sich lohnt. Sie ersparen sich eine Menge Enttäuschungen und werden so garantiert mehr erreichen, als wenn Sie ziellos durch Ihr Leben irren. Probieren Sie es einfach aus!

Gute Gründe für Ihre Ziele

Vielleicht gehören Sie zu den Lesern, die das S.M.A.R.T.-Konzept schon kennen. Wahrscheinlich können Sie dann die Kraft, die von ihm ausgeht, bestätigen. Möglicherweise haben Sie aber auch Ihre Ziele trotz S.M.A.R.T. nicht erreichen können.

Dann gehören Sie zu denen, die sich zwei entscheidende Fragen bezüglich Ihrer notierten Ziele nicht gestellt haben. Die erste Frage lautet: „Warum?".

Sie brauchen nämlich einen starken Grund, damit Ihr Ziel zu einer Kraftzentrale wird, die Sie motiviert und sich positiv auf Ihr Handeln auswirkt. Warum wollen Sie in ein bestimmtes Land reisen? Warum wollen Sie 10 Kilo abnehmen? Warum wollen Sie Ihren Umsatz überdurchschnittlich steigern?

Wenn Sie keine eindeutige und begeisternde Antwort geben können, dann wird Ihr Ziel nur ein Wunsch bleiben. Dieser Wunsch wird schnell in Vergessenheit geraten und Sie werden ihn nie realisieren. Doch wenn Ihre Antwort auf die Frage „Warum?" in Ihnen ein klares Bild der Zukunft erweckt, das Sie euphorisiert, dann werden Sie die Magie der Ziele erleben. Denken Sie an die Woche, bevor Sie in den Urlaub fahren! Die Vorfreude auf Entspannung und Spaß mit der Familie oder den Freunden führt zu einer nachhaltigen Leistungsexplosion. Fin-

Goool: Zielorientierung

den Sie zwingende Gründe für Ihre Ziele und Sie haben sie schon fast zur Hälfte realisiert.

Der Weg zum Ziel

Die zweite wegweisende Frage heißt: „Wie?". Wie wollen Sie Ihr Ziel erreichen? Was müssen Sie tun, damit aus Ihrer Vision Wirklichkeit wird? Wie müssen Sie sich verändern, um das zu erreichen, was Sie sich vorgenommen haben?

Erst mit einer Strategie, mit dem richtigen Vorgehen, mit den passenden Schritten, die Sie in die Tat umsetzen, werden Sie Ihr Vorhaben meistern. Erstellen Sie sich einen Aktionsplan, eine Übersicht, in der die einzelnen Schritte, die Sie erledigen müssen, konkret aufgeführt sind. Dies hilft Ihnen, sich selbst zu kontrollieren und auf Erfolgskurs zu halten. Nehmen Sie sich genügend Zeit, um den für Sie passenden Weg zu finden.

Zielsetzung ist einfach und effizient, wenn Sie sich auch für die entscheidenden Details genügend Zeit nehmen.

Jürgen Klinsmann hatte klare Antworten auf beide Fragen. Er war sich bewusst, welche Bedeutung der Sieg der Nationalmannschaft bei der WM im eigenen Land haben würde – emotional und wirtschaftlich, nicht nur für ihn, sondern für ganz Deutschland. Deshalb suchte er sich eine Strategie – sein persönliches „Wie?" –, um an das Ziel zu gelangen. Der Refrain des Popsongs „Dieser Weg" von Xavier Nadoo wurde zu seinem persönlichen Mantra.

Er stieß mit seinen Entscheidungen vielen vor den Kopf, ob Sepp Maier, den er als Torwarttrainer entließ, oder Oliver Kahn, der sich damit zufrieden geben musste, nur noch die Nummer zwei im Tor sein zu dürfen. Er veränderte Strukturen und ging neue Wege. Er traute sich, einen offensiveren Fußball spielen zu lassen und war bereit, Aufgaben an kompetentere Wegbegleiter abzugeben, aber er hatte stets dabei sein Ziel vor Augen: „Ich will Weltmeister werden!".

Was Jürgen Klinsmann erreichte, war viel wertvoller als ein WM-Sieg. Die Euphorie, die er mit seiner Mannschaft auslöste, verwandelte die Republik. Selbst die sonst skeptische französische oder englische Presse sprach von einem verzauberten, neuen Deutschland, das zu seiner eigenen Identität zurückgefunden habe. Dank des Fußballs wurde eine Nation, wie schon 1954 unter Sepp Herberger, wieder mit sich selbst versöhnt.

Danke, Klinsi!

Goool: Zielorientierung

Dieser Weg wird kein leichter sein
Dieser Weg wird steinig und schwer
Nicht mit vielem wirst du dir einig sein
Doch dieses Leben bietet so viel mehr

Xavier Naidoo

Goool: Zielorientierung

HAUPTSACHE: 3 PUNKTE!

Ergebnisorientierung

Das Runde muss ins Eckige.

Sepp Herberger

Fußball kann so grausam sein. Vielleicht durften Sie es selbst schon einmal mit Ihrer eigenen Mannschaft erleben, wie enttäuschend es sein kann, wenn, trotzdem sich jeder einzelne der Mannschaft toll eingebracht hat, am Ende der Partie die Niederlage besiegelt war. Diese Schicksalsschläge machen das Fußballspiel so emotional und einzigartig.

Bayerns Champions-League-Trauma

Ungern erinnern sich Bayernfans an den Abend des 26. Mai 1999. Im Stadion Nou Camp in Barcelona erlebte der FC Bayern München eine der bittersten Niederlagen seiner Vereinsgeschichte. Im Finale der Champions League standen den Bayern die Spieler aus Manchester United mit ihrem Superstar David Beckham gegenüber. Hoch konzentriert und engagiert kontrollierten die Bayern das Spiel. Schon in der sechsten Minuten gingen sie durch ein Freistoßtor von Mario Basler in Führung. Stefan Effenberg trieb seine Mitspieler vorbildlich an und zeigte eines seiner besten Champions-League-Spiele. Immer wieder kamen die Bayern zu tollen Torchancen, doch es blieb beim 1:0. Nach 90 Minuten hätte der italienische Schiedsrichter Pierluigi Collina abpfeifen können, doch er ließ das Spiel noch drei schicksalhafte Minuten weiterlaufen. Möglicherweise hatten die Bayernspieler in Gedanken schon den Pokal in ihren Händen, als den Engländern ein Eckball zugesprochen wurde. David Beckham, den die Bayern-Abwehr bis dahin komplett ausgeschaltet hatte, zirkelte den Eckball in Richtung Strafraum. Den Bayern gelang es nicht, den Ball unter Kontrolle zu bekommen, und er tickte vor die Füße von Teddy Sheringham, der den Ball an Oliver Kahn vorbei ins Tor schob – 1:1! Die Bayern waren geschockt. Die Zuschauer erwarteten eine Verlängerung, da gab es einen weiteren Eckball von der rechten Seite für ManU. Wieder schießt Beck-

Hauptsache – 3 Punkte: Ergebnisorientierung

In diesem Geschäft gibt es nur eine Wahrheit: Der Ball muss ins Tor.

Otto Rehagel

---

ham, Kopfball Teddy Sheringham, der Ball sprang dem jungen Ole Gunnar Solskjær auf die Fußspitze und segelte von dort aus in das Tor der Bayern – 1:2. Die Bayern waren geschlagen.

Mario Basler sagte später über dieses Spiel: „Das waren drei Minuten bis zur Ewigkeit. Das ist so bitter, da bricht eine Welt zusammen. Besonders bitter ist es, wenn man drei Minuten vor Schluss ausgewechselt wird und glaubt, den Pokal schon gewonnen zu haben. Dann passiert so etwas und du kannst nicht helfen. Das ist brutal."

Mit ihrem Sieg 2001 im Finale der Champions- League über FC Valencia konnten die Bayern schließlich ihr ManU-Trauma überwinden.

Manchmal ist es gleichgültig, wie gut und bemüht man ist, das Einzige, was dann zählt, ist das Ergebnis. So wie der Ball ins Tor muss, so muss im Vertrieb die Unterschrift des Kunden unter den Vertrag. Denn das ist entscheidend. Es ist eine feine Sache, wenn Sie bei Ihren Kunden beliebt sind und stets fleißig alles tun, was Ihr Vorgesetzter von Ihnen erwartet, aber im Endeffekt zählt nur Ihre tatsächliche Verkaufsleistung.

Die Sprache der Ergebnisse

Es gibt in diesem Zusammenhang eine interessante Geschichte über zwei Herren mit den Namen Jochen und Thomas, die zur gleichen Zeit in einem wachstumsorientierten Unternehmen anfingen.

Thomas war ein aktiver Mann, der die Probezeit sehr ernst nahm. Er war hoch motiviert und wollte allen seine Leistungsfähigkeit beweisen, aber leider spielten ihm

Hauptsache – 3 Punkte: Ergebnisorientierung

immer wieder unglückliche Umstände einen Streich. Mal versagte sein Auto, dann musste seine Frau zum Arzt und er musste in der Zwischenzeit auf die kleinen Kinder aufpassen. Und wenn er wirklich alles geregelt hatte, dann platze im Keller ein Wasserrohr – da konnte er gar nicht anders, als dass er sämtliche Termine absagte und im Keller rettete, was zu retten war.

Jochen war dagegen ein recht behäbiger Mann. Er liebte seine Serien im Fernsehen. Damit er auch ja nicht eine Folge seiner Lieblingssendung verpasste, machte er weniger Termine, als er gekonnt hätte, und Besprechungen ließ er häufig unbegründet ausfallen.

Der Personalleiter der Firma musste am Ende der Probezeit entscheiden, ob die beiden Herren übernommen werden sollten. Tatsächlich kündigte er Jochen, der das widerstandslos mit einem Achselzucken hinnahm.

Aber dem engagierten Thomas ereilte das gleiche Schicksal, auch er musste das Unternehmen verlassen. Als Thomas dies erfuhr, verstand er die Welt nicht mehr: Man könne ihn doch nicht mit dem faulen Jochen in einen Topf werfen. Schließlich sei er sehr fleißig und absolut leistungsbereit. Er hat nur in den letzten sechs Monaten ein wenig Pech gehabt und manch kleine sowie große Katastrophe hätte ihm dazwischen gefunkt.

Der Personalleiter gab ihm daraufhin die folgende Antwort: „Ich bin für das Wohl aller Mitarbeiter und der gesamten Firma verantwortlich. Wenn wir unsere Ziele nicht erreichen, gefährden wir das Unternehmen und damit auch die soziale Sicherheit unserer Mitarbeiter. Warum wir schlussendlich unsere Ziele nicht erreicht haben, ist völlig unwichtig. Es gibt bei uns unter dem Strich nur ein Beurteilungskriterium: Erreichen Sie Ihre Vor-

---

In meinem Beruf habe ich es mir angewöhnt,
Menschen nur nach Ihren Ergebnissen zu beurteilen.
Ergebnisse sprechen eine viel deutlichere Sprache
als schöne Worte.

W.Clement Stone

Hauptsache – 3 Punkte: Ergebnisorientierung

gaben oder nicht. Ob Sie permanent irgendwelche privaten Katastrophen meistern oder vor dem Fernsehen schlummern, ist dabei egal. Das Einzige, was zählt, sind Ihre Ergebnisse, und die waren bei Ihnen beiden enttäuschend!"

Vielleicht können Sie die Entscheidung des Personalleiters nachvollziehen, vielleicht auch nicht. Der Stahlmagnat W. Clement Stone tat einmal den folgenden Ausspruch: „In meinem Beruf habe ich es mir angewöhnt, Menschen nur nach Ihren Ergebnissen zu beurteilen. Ergebnisse sprechen eine viel deutlichere Sprache als schöne Worte."

Wenn ich dieses Zitat in meinen Workshops diskutieren lasse, geht es meist hoch her. Viele empfinden diesen Ausspruch als unfair und meinen, so darf man Menschen nicht beurteilen. Ich kann diesen Einwand gut verstehen, denn ein Mensch zeichnet sich auch durch seine Werte und Eigenschaften aus, nicht nur durch seine Leistungen, jedoch im Berufsleben werden wir immer wieder von der Wahrheit eingeholt, dass es die messbaren Ergebnisse sind, die über Gehalt und Karriere entscheiden und nicht der angenehme Charakter eines Mitarbeiters.

Eine gesunde Ergebnisorientierung verhindert auch, dass man sich nicht hinter Ausreden und Schön-reden verstecken

kann. Wahrscheinlich kennen Sie den alten Vertreterwitz:

Treffen sich zwei Verkäufer. Fragt der eine Verkäufer den anderen: „Wie war Dein Tag?" Sagt der eine: „Ich habe eine Menge guter Gespräche geführt." Sagt der andere: „Ach ja! Ich habe auch nichts verkauft!"

Mit diesen Kapitel möchte ich Ihnen Werkzeuge an die Hand geben, die Sie zu einem noch erfolgreicheren Verkäufer machen werden. Vielleicht denken Sie jetzt, ich bin doch gar nicht im Verkauf tätig. Das mag vielleicht sein, doch fast jeder, der berufstätig ist, muss etwas verkaufen. Dies trifft nicht nur auf Vertreter, sondern auch auf Lehrer, Ärzte und Unternehmensberater zu. Jeder von ihnen hat das Ziel, Ideen und Konzepte überzeugend zu vermitteln.

Damit Sie Ihren Verkaufserfolg spürbar optimieren können, möchte ich Ihnen aufzeigen, worauf es im Verkauf wirklich ankommt. So haben Sie eine Chance, Ihr eigenes Verhalten und Ihre persönlichen Einstellungen zu analysieren, Schwachpunkte zu entdecken und in Stärken zu verwandeln. Dadurch werden Sie zu einem erfolgreichen und selbstbewussten Verkäufer. Auf den folgenden Seiten wird der Fußballsport etwas kurz kommen. Ich halte die Hinweise, aber für so wertvoll und wichtig, dass ich nicht auf sie in diesem Buch verzichten wollte.

Themenübersicht des kommenden Abschnitts:

- Ihre Einstellung zum Beruf des Verkäufers.

- Die Bedeutung Ihrer Beziehung zu Ihren Kunden.

- Wie Sympathie und Vertrauen sich auf Ihre Verkaufsleistung auswirken.

- Warum die Fähigkeit zuhören zu können, so wichtig ist.

- Die Schritte des psychologischen Verkaufsmodells.

Ihre Einstellung zum Beruf des Verkäufers

Dabei ist der wichtigste Aspekt Ihre jeweilige Einstellung zu Ihrem Beruf, zu dem Unternehmen, für das Sie arbeiten, und zu den Produkten, die Sie verkaufen. In diesem Bereich, d.h. lange bevor Sie überhaupt Termine machen oder ein Verkaufsgespräch führen, entscheidet sich, ob Sie als Verkäufer eine Chance haben. Ihre Einstellungen, die nur Sie persönlich kennen, können enorme Erfolgshindernisse oder der Antrieb zu Spitzenleistungen sein.

Der berühmte Mönch Augustinus, der Begründer des Augustinerordens, hatte schon dieses Prinzip erkannt, als er sagte: In dir muss brennen, was du in anderen entzünden willst!

Auch wenn sich seine Äußerung auf die christliche Mission bezog, hat sie für jeden im Vertrieb eine wichtige Bedeutung. Fragen Sie sich selbst: Brennen Sie für Ihren

In dir muss brennen, was du in anderen entzünden willst!

Augustinus

Hauptsache – 3 Punkte: Ergebnisorientierung

Hauptsache – 3 Punkte: Ergebnisorientierung

Job und für das Unternehmen, für das Sie arbeiten? Würden Sie gern von sich selbst beraten werden? Würden Sie gern Ihr eigener Kunde sein, oder glauben Sie, dass die Mitbewerber eigentlich die besseren Konzepte und Produkte haben? Fühlen Sie sich in Ihrem Unternehmen wohl?

Diese Fragen können Sie nur für sich selbst beantworten! Ich kann Ihnen eins verraten: Ein „Ist-schon-alles-ganz-O.K." reicht nicht aus. Augustinus hat nicht gesagt, wenn du mit der Sache halbwegs einverstanden bist, wirst du andere auch dafür gewinnen können. Nein! Er sagte ganz eindeutig: „In dir muss brennen, was du in anderen entzünden willst!"

Auf Ihre Ausstrahlung kommt es an

Im späteren Verlauf des Trainings werden Sie erfahren, dass Verkaufen die Übertragung von Emotionen ist. Wie in der Physik, so ist es auch im Verkaufen: Um so stärker der Impuls ist, der ausgesandt wird, desto mehr kommt beim Empfänger an. Dies hat die bittere Konsequenz, dass dort, wo wenig ausgestrahlt wird, beim Empfänger meistens so gut wie gar nichts ankommt.

Wenn Ihre Verkaufsleistungen im Moment noch schwach sind, dann fragen Sie

Hauptsache – 3 Punkte: Ergebnisorientierung

sich einmal: „Was strahle ich aus?" – Begeisterung und Überzeugung oder Unsicherheit und Bedenken?! Wenn Sie neu dabei sind, dann ist es normal, dass Ihnen noch die Souveränität fehlt. Aber wenn Sie schon einige Jahre im Vertrieb sind und Sie trotzdem keine tiefe Bindung zu Ihrer Tätigkeit und dem Unternehmen haben, das Sie vertreten, dann sollten Sie schnell etwas ändern. Mitarbeiter, die ohne Hingabe und Elan in einem Unternehmen tätig sind, sind wahrscheinlich in die Falle der resignativen Zufriedenheit geraten. Befreien Sie sich daraus, so schnell es geht, sonst werden Sie beizeiten von den Zangen dieser Falle – das sind Ihre persönliche Frustration und der stärker werdende Druck des Unternehmens – zerquetscht.

Wie Sie wissen, ist für die persönliche Weiterentwicklung Selbsterkenntnis überaus wichtig. Deshalb bitte ich, dass Sie die kommenden Fragen ehrlich für sich beantworten.

Haben Sie Spaß an Ihrem Beruf?

Es ist sehr wichtig, dass Sie Ihren Beruf nicht als eine Qual erleben oder nur als eine Möglichkeit sehen, um den Lebensunterhalt zu verdienen. Ihr Job muss Ihnen Spaß machen! Sicher, es gibt immer Phasen, da fällt es einem auch schwerer, seinen Aufgaben nachzugehen. Wenn Sie aber schon häufiger darüber nachgedacht haben, den Beruf zu wechseln, weil Sie sich in Ihrer Haut nicht wohl fühlen, weil Sie das Gefühl haben, Sie würden sich bei Menschen anbiedern müssen, weil Sie das dauernde Unterwegssein nervt, weil Sie viel lieber den ganzen Tag hinter einem Schreibtisch oder auf einer Baustelle wären, weil Sie sich unterwegs einsam fühlen, weil Sie nicht glauben können, dass Sie ein Spitzenverkäufer sein könnten, dann sollten Sie es besser sein lassen. Sie müssen Ihren Beruf mit seinen Freiheiten, Begegnungen und außergewöhnlichen Situationen lieben! Sie müssen davon überzeugt sein, dass der Beruf des Verkäufers eine wertvolle und wichtige Tätigkeit ist. Ohne Verkäufer würde das gesamte Wirtschaftssystem sofort zusammenbrechen. Durch Ihre Arbeit und Ihre Erfolge sichern Sie die Zukunft des Unternehmens und die Arbeitsplätze vieler Menschen. Sie sind für Ihre Kunden ein Problemlöser, ein Freund und auch ein Helfer in der Not. Ihr Beruf hat so viele spannende Facetten. Sie sind Entertainer, Psychologe und manchmal auch Seelsorger. Und wenn Sie da draußen unterwegs sind, dann sind Sie Ihr eigener Chef. Macht Ihnen Ihr Beruf Spaß?!

Hauptsache – 3 Punkte: Ergebnisorientierung

Sind Ihre Fähigkeiten gefragt?

Damit eine Tätigkeit jemanden erfüllt, ist es wichtig, dass die Anforderungen an ihn sich in einem Korridor zwischen Über- und Unterforderung bewegen. Dazu gehört die Möglichkeit, seine individuellen Talente in den Beruf einbringen zu können. Finden Sie ihre Talente in Ihrem Job wieder? Können Sie sich entfalten und weiterentwickeln? Werden Sie von Ihrem Beruf herausgefordert oder langweilen Sie sich? Ich wünsche Ihnen, dass Sie in Ihrer Tätigkeit beweisen können, was in Ihnen steckt!

Erleben Sie Ihre Arbeit als sinnvoll?

„Was machen Sie beruflich?" – „Ach, ich bin nur Verkäufer." Diese Antwort spiegelt eindeutig die Einstellung des Befragten zu seiner Tätigkeit wider. Wer aber erkannt hat, dass er für andere ein Problemlöser und Unterstützer ist, durch den erst die Erfolge des anderen möglich werden, dass er einen wichtigen Beitrag dazu leistet, die soziale Sicherheit vieler anderer zu gewährleisten, der sagt stolz: „Ich gewinne und begeistere Menschen für ein einzigartiges Unternehmen!". – Was glauben Sie, welche Neugier und Interesse Sie mit dieser Aussage bei Ihrem Gegenüber wecken.

Sind Sie stolz auf Ihr Unternehmen?

Im Jahr 2005 gab es eine Kampagne, die viel belächelt wurde, aber auch manchen zum Nachdenken bewegte. Unabhängig davon, wie man diese Aktion einschätzte, sie löste auf jeden Fall eine Menge Diskussionen aus. Gemeint ist die „Du-bist-Deutschland"-Kampagne. In diesem Zusammenhang frage ich Sie: Können Sie sich mit Ihrem Unternehmen identifizieren? Teilen Sie die Werte und Philosophie Ihres Unternehmens? Oder stehen Sie dem Gesamten eher distanziert gegenüber? Erst wenn Sie eine authentische, tiefe Loyalität zu Ihrem Unternehmen empfinden, können Sie erwarten, dass Sie Ihre Kunden für dieses begeistern können.

Selbst wenn Sie alle vier Fragen mit einem begeisterten „Ja!" beantworten konnten, können immer noch bestimmte Dinge Ihren Antrieb blockieren. Aus diesem Grund geht unsere Einstellungsanalyse noch einen Schritt weiter.

Betrachten Sie sich als selbstständig?

Wer wie Sie im Vertrieb arbeitet, ist sehr viel auf sich selbst gestellt. Dies eröffnet ihm viele Freiheiten, aber auch eine große Verantwortung. Es liegt an Ihnen, wie

Hauptsache – 3 Punkte: Ergebnisorientierung

Sie damit umgehen. Umso erfolgreicher und verantwortungsbewusster Sie arbeiten, desto mehr Freiheiten gewinnen Sie dazu. Selbstverständlich haben Sie dann immer noch einen Vorgesetzten, doch der hat dann nicht mehr das Gefühl, dass er Sie kontrollieren muss, denn er weiß, er kann sich auf Sie und Ihre Leistungen verlassen. Dies ist für Sie eine große Chance, die Sie nutzen sollten. Beweisen Sie Ihrem Chef, dass Sie selbstständig und verantwortungsbewusst agieren, dass Ihre Eigeninitiative und Kreativität den Zielen und Werten des Unternehmens dienen. Denken Sie und handeln Sie wie ein selbstständiger Unternehmer.

Worin müssen Sie sich verbessern, um Ihre Ziele zu erreichen?

Sind Sie fit genug und stets ausgeschlafen, wenn Sie unterwegs sind, oder fühlen sie sich matt und abgeschlagen? Sind Sie im wahrsten Sinne des Wortes ein herzlicher Verkäufer oder werden Sie als kalt und arrogant wahrgenommen? Kennen Sie Ihr Produktsortiment bzw. Ihre Dienstleistungen, können Sie diese erklären oder stehen Sie häufig unwissend Ihren Kunden gegenüber? – Fühlen Sie sich zu Ihrem Job berufen oder träumen Sie von einer anderen

Tätigkeit? Hier ist wieder Mut zur Selbsterkenntnis gefordert.

Was ist Ihr größtes persönliches Erfolgshindernis?

Bei der letzten Frage wird es sehr persönlich. Hier geht es nicht um Ausreden, wie mein Chef oder die Verkaufsregion, die ich habe, ist schuld an meinen schlechten Zahlen. Jetzt geht es um die Schwächen, die Sie beizeiten überwinden sollten, die sie bisher abgehalten haben, Ihr volles Potential zu nutzen. Fragen Sie sich ehrlich selbst: Welche Gewohnheiten habe ich, die mir möglicherweise im Weg stehen? Die folgenden beiden Beispiele sollen als Impuls dienen. Einmal ist dort der Verkäufer, der sehr engagiert ist, der täglich richtig Gas gibt, dessen Zahlen auch stimmen. Eins stimmt aber nicht – seine Leberwerte. Er sagt, er braucht den Schnaps und das Bier, um sich am Abend zu entspannen. Doch er merkt nicht, dass in letzter Zeit die Menge rapide angestiegen ist. Manchmal hat er schon ein bisschen Sorge, wenn er morgens ins Auto steigt, dass sein Restalkohol bei einer Kontrolle ein Problem sein könnte. Aber bis jetzt ist alles gut gegangen.

Wie lange noch? Alkohol ist eine Droge, die auf Dauer eine zerstörende Wirkung

Hauptsache – 3 Punkte: Ergebnisorientierung

hat. Sie wirkt sich beizeiten negativ auf die Gesundheit, die Leistungsfähigkeit und die Psyche aus. Die andere Situation ist nicht gesundheitsschädlich, aber nicht minder problematisch. Da ist der gut aussehende Verkäufer. Er ist verheiratet und hat drei süße Kinder. Seine Frau war tatsächlich einmal eine Schönheitskönigin und sieht auch noch heute toll aus. Er liebt sie – sagt er. Und um ihr nicht weh zu tun, hat er ein Netz von Lügen gesponnen, die seine Affären mit anderen Frauen vertuschen. Seine ganze Kreativität und Konzentration wird gefordert, damit seine Ehefrau nichts mitbekommt. Dieser Lebenswandel schadet nicht nur der Familie, dem Charakter des Verkäufers, sondern auch dem Unternehmen, das er vertritt. Es ist ihm zu empfehlen, dass er seinen Lebenswandel umgehend ändert und seine Energie in seine Familie investiert, denn sonst bricht irgendwann alles bei ihm ein: Seine private und auch seine berufliche Existenz. Was ist es bei Ihnen, das im Moment verhindert, dass Sie Ihre ganz Leistungskraft in Ihren Beruf einbringen können?

„In dir muss brennen, was du in anderen entzünden willst!", so haben wir diesen Abschnitt begonnen. Sie sollten bei sich selbst erforschen, ob in Ihnen ein starkes Feuer brennt oder die Glut schon fast erloschen ist. Sie allein kennen die Antwort.

Ihre Einstellung zu Ihrem Beruf ist der Motor Ihrer Tätigkeit. Mit der richtigen Einstellung wird es Ihnen leichtfallen, Termine zu vereinbaren und gern zu Ihren Kunden zu fahren. Wenn Sie dann bei Ihrem Kunden sind, was verkaufen Sie vor Ort?

Kunden kaufen als Erstes den Verkäufer und dann das Produkt!

Rolf Schmiel

Hauptsache – 3 Punkte: Ergebnisorientierung

Was entscheidet darüber, ob es Ihnen gelingt, einen Kunden zu begeistern und für sich und Ihr Unternehmen zu gewinnen? Diesen Fragen gehen wir nun nach!

Die Bedeutung Ihrer Beziehung zu Ihren Kunden

Zuerst möchte ich Sie mit einer Tatsache vertraut machen, die von Verkaufsprofis und auch von der Marktforschung bestätigt wird: Kunden kaufen als Erstes den Verkäufer und dann das Produkt! Rolf Schmiel.

Wenn dieser Satz wahr ist, dann müssen Sie den Kunden überzeugen und für sich gewinnen, bevor Sie überhaupt ein Produkt präsentiert haben. Überprüfen Sie einmal vor Ihrem geistigen Auge Ihr Auftreten vor dem Kunden. Was für einen Eindruck hinterlassen Sie? Stimmen Ihre Garderobe, Ihre Körperpflege (es gibt nichts Schlimmeres als Verkäufer mit Mund- oder Körpergeruch) sowie Ihre Unterlagen? In welchem Zustand ist Ihr Auto? Sind Sie pünktlich? Halten Sie Versprechungen und Vereinbarungen ein? Sind Sie wirklich freundlich oder wirkt Ihr Lächeln gekünstelt? Ich empfehle Ihnen, nehmen Sie einmal allen Mut zusammen und holen Sie sich von einem Kunden, zu dem Sie ein tolles, freundschaftliches Verhältnis haben,

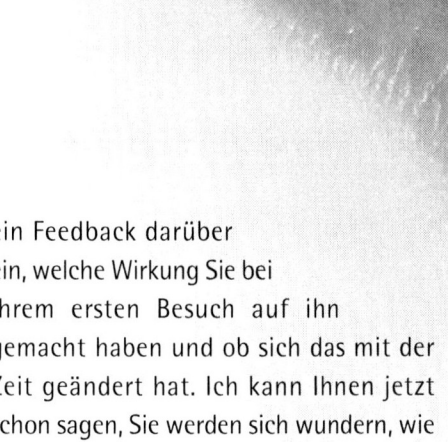

ein Feedback darüber ein, welche Wirkung Sie bei Ihrem ersten Besuch auf ihn gemacht haben und ob sich das mit der Zeit geändert hat. Ich kann Ihnen jetzt schon sagen, Sie werden sich wundern, wie weit Ihr Selbstbild vom Fremdbild (= Kundeneindruck) abweicht.

Wie im Leben so gilt auch im Verkauf: „Es gibt keine zweite Chance für einen ersten Eindruck!" – Deshalb nehmen Sie diese Gedanken sehr ernst. Wie bei Produkten zählt auch bei Verkäufern die Verpackung. Geben Sie bitte Acht auf sich!

Gehen wir einmal davon aus, dass Ihre Kunden von Ihnen einen guten Eindruck haben. Was müssen Sie tun, um diese nun

für sich zu gewinnen? Zwei Gesichtspunkte sind hier von besonderer Bedeutung:

Sympathie und Vertrauen

Das sind Sympathie und Vertrauen. Beides ist dabei gleichermaßen wichtig. Jemand kann noch so vertrauenswürdig erscheinen, wenn er mir nicht sympathisch ist, lasse ich mich nicht auf eine Beziehung zu ihm ein. Auf der anderen Seite werde ich auch nicht bei einer Person viel Geld investieren, die mir zwar sympathisch ist, bei der ich aber den Eindruck habe, dass sie mein Vertrauen nicht verdient hat.

Was können Sie tun, um die Sympathien Ihres Kunden zu gewinnen?

Einige Vorschläge, was Sie tun können bzw. sollten, habe ich für Sie zusammengestellt:

Hauptsache – 3 Punkte: Ergebnisorientierung

- Schenken Sie Ihrem Kunden konzentrierte Aufmerksamkeit. Hören Sie ihm intensiv zu.

- Akzeptieren Sie Ihren Kunden so, wie er ist. Geben Sie ihm das Gefühl, dass Sie ihn wertschätzen.

- Lächeln Sie. Niemand braucht ein Lächeln nötiger als derjenige, der für andere keines mehr übrig hat.

- Erteilen Sie Lob und Anerkennung, wann immer Sie können. Begründen Sie aber das Lob präzise, damit es sich nicht wie Schmeichelei anhört.

- Seien Sie nicht rechthaberisch und streiten Sie nicht mit Ihrem Kunden.

- Reagieren Sie mit Verständnis auf die Verärgerungen Ihrer Kunden. Nehmen Sie dessen Wut und Äußerungen nicht persönlich.

- Geben Sie Ihrem Kunden immer die Möglichkeit, sein Gesicht zu wahren.

- Wenn Sie etwas falsch gemacht haben, geben Sie den Fehler zu und entschuldigen Sie sich.

- Reden Sie nicht schlecht über andere – auch nicht über die Mitbewerber. Bleiben Sie bei Ihren Äußerungen sachlich.

- Sorgen Sie dafür, dass Sie mit jedem Gespräch erreichen, dass Ihr Kunde danach ein besseres Gefühl hat: 1. Von sich selbst, 2. von Ihrem Unternehmen und 3. von Ihnen.

Diese zehn Punkte lassen sich in drei Themengruppen kategorisieren, an denen Sie sich bei Ihren Begegnungen mit Ihren Kunden orientieren können.

Freundlichkeit

Eigentlich ist es eine Selbstverständlichkeit, dass Sie als Verkäufer Ihren Kunden freundlich begegnen. Freundlichkeit ist aber mehr als ein Lächeln. Freundlichkeit bedeutet, sein Gegenüber wohlwollend zu akzeptieren und zu respektieren. Wer dies tut, wirkt auf andere auch nicht arrogant. Zeigen Sie Verständnis und haben Sie Geduld. Verlieren Sie aber, bei allem was Sie tun, nicht Ihr Ziel aus den Augen. Sie sind Verkäufer und kein professioneller Besucher. Freundlichkeit bedeutet nicht, dass Sie darauf verzichten, um den nächsten Auftrag zu kämpfen.

Hauptsache – 3 Punkte: Ergebnisorientierung

Interesse

Bringen Sie den Bedürfnissen und Problemen Ihres Kunden Interesse entgegen. Hören Sie gut zu, aber fangen Sie nicht an, gemeinsam mit ihm Klagelieder zu singen. Achten Sie darauf, dass das Gespräch immer wieder auf den eigentlich Grund Ihres Besuchs zurückkommt. Wenn Sie einen Menschen für sich gewinnen wollen, müssen Sie Zeit investieren. Geben Sie aber Acht, dass Sie bei Ihren Terminen nicht zum Alleinunterhalter werden. Niemand mag Menschen, die die ganze Zeit nur von sich erzählen.

Echtheit

Wenn in einem Sketch ein Verkäufer dargestellt werden soll, so er wird zumeist als ein fies grinsender, schmeichelnder und leicht schmieriger Typ inszeniert. Nichts scheint an dieser Person echt zu sein. Weder die Haare (Toupet oder schlecht gefärbt), die Komplimente (flach und abgegriffen) noch seine Freundlichkeit (aufgesetzt und künstlich). Diese Karikatur darf auf Sie nicht zutreffen. Seien Sie eine authentische Persönlichkeit, auf die man sich verlassen kann. Es wird sich für Sie lohnen. Nebenbei bemerkt: Auch privat!

An den letzten Punkt schließt sich hervorragend der andere Aspekt an, mit dem Sie Ihre Kunden für sich gewinnen: Vertrauen.

„Vertrauen ist der Anfang von allem!", so hieß einst ein berühmter Werbespruch. Auch wenn das dazugehörige Unternehmen sich nicht immer als vertrauenswürdig erwies, so ist diese Aussage doch wahr. Es gibt die unterschiedlichsten vertrauensbildenden Maßnahmen; die drei wichtigsten stelle ich Ihnen nun kurz vor.

Zuverlässigkeit

„Versprochen ist versprochen und wird auch nicht gebrochen!" Dieser Kinderreim wird manchmal belächelt, für Sie sollte er aber von enormer Relevanz sein. Ihre Vertrauenswürdigkeit hängt davon ab, ob Sie Ihre Versprechen und Zusagen auch einhalten. Wenn es Ihnen schwerfällt, dies zu meistern, dann verzichten Sie darauf, anderen etwas zu versprechen bzw. bitten Sie, schon bevor Sie versagen, um Verständnis und hoffen Sie nicht darauf, dass es keiner merken wird.

Ehrlichkeit

Glauben Sie nicht, dass durch Lüge oder Betrug irgendein Problem gelöst werden kann. Lassen Sie sich darauf erst gar nicht ein. Zumeist fängt es im Kleinen an und irgendwann steckt man in einer Sackgas-

Hauptsache – 3 Punkte: Ergebnisorientierung

se fest, aus der man ohne fremde Hilfe nicht herauskommt – vielleicht auch gar nicht mehr.

Kompetenz

Fachwissen freundlich vermittelt – und nicht besserwissend – gewinnt das Vertrauen der Menschen. Aber auch die Fähigkeit zugeben zu können, dass einem zu einem bestimmten Bereich die Kenntnisse fehlen, wirkt glaubwürdiger, als wenn man versucht, sich irgendeine Antwort aus Halbwissen zusammenzureimen. Vermeiden Sie aber jede Überheblichkeit, denn dies macht unsympathisch.

Referenzschreiben

Eine weitere Möglichkeit, das Vertrauen Ihrer Kunden zu gewinnen, ist, Ihnen zu beweisen, dass Sie und Ihre Produkte halten, was Sie versprechen. Die beste Methode hierfür sind Referenzen zufriedener Kunden. Solche Referenzschreiben können überaus effektstark sein. Sie bauen beim Kunden Unsicherheiten und Vorbehalte ab, denn der Kunde erkennt, dass andere Kunden bereits überaus zufrieden mit Ihnen zusammenarbeiten. Empfehlungsschreiben zufriedener Kunden sind wahrscheinlich die wirksamste Verkaufshilfe überhaupt.

Wie bekommt man Empfehlungsschreiben? Es ist ganz einfach: Bitten Sie Ihre Kunden darum. Wenn Sie schon seit einiger Zeit im Verkauf tätig sind, haben Sie bestimmt Kunden, mit denen Sie eine freundschaftliche Beziehung pflegen. Wenn Sie diese freundlich bitten, werden sie Ihnen gern einen solchen Brief schreiben.

Falls Sie nicht wissen, wie so ein Brief aussehen könnte, hier ein Vorschlag:

Sehr geehrter Herr Verkäufer!
Als Sie uns zum ersten Mal Ihr neues Produkt vorstellten, meinte ich, es sei zu teuer, jedenfalls verglichen mit anderen Angeboten, die wir hatten.

Aber nachdem ich mich schließlich zu der Entscheidung durchgerungen hatte, dass Produkt bei Ihnen zu kaufen, stellte ich fest, dass es sich in jedem Fall gelohnt hat. Heute bin ich froh, etwas mehr Geld ausgegeben zu haben, denn meine Investition hat sich mehr als bezahlt gemacht.

Noch einmal vielen Dank für Ihre freundliche und kompetente Beratung.

Falls Ihr Kunde keine Zeit hat, ein Empfehlungsschreiben zu verfassen, bieten Sie ihm an, dass Sie ihm einen ausformulier-

Hauptsache – 3 Punkte: Ergebnisorientierung

ten Brief als Word-Dokument zukommen lassen. Er braucht dann nur noch – wenn er zu 100% zu dem steht, was Sie getextet haben –, den Brief auf seinem Geschäftsbriefpapier auszudrucken und zu unterschreiben. Die Kunden freuen sich über diesen zeitsparenden Vorschlag und nehmen ihn der Erfahrung nach gern an.

Eine gute Referenz kann 90% Prozent des Kaufwiderstands eines Kunden überwinden. Sie sollten regelmäßig bestrebt sein, Referenzen zu sammeln und sie bei jeder passenden Gelegenheit einsetzen. Denn auch für Sie gilt die Aussage eines berühmten amerikanischen Marketinggurus: „Was andere über Ihre Person, Ihr Unternehmen oder Ihr Produkt sagen, ist zehnmal überzeugender, als wenn Sie es sagen würden, selbst wenn Sie es hundertmal besser beschreiben können."

Ich möchte Ihnen nun ein psychologisches Verkaufsmodell vorstellen, das als Basis eines jeden Verkaufsgesprächs die Entwicklung einer stabilen Beziehung zum Kunden zueigen hat. Um diese Beziehung aufbauen zu können, gibt es eine geheime und völlig unterschätzte Waffe. Es ist die Kunst des Zuhörens.

Die Kunst des Zuhörens

Mit dieser einfachen, aber von vielen Verkäufern selten angewandten Kommunika-

---

Was andere über Ihre Person,
Ihr Unternehmen oder Ihr Produkt sagen,
ist zehnmal überzeugender,
als wenn Sie es sagen würden,
selbst wenn Sie es hundertmal besser
beschreiben können.

Dan S. Kennedy

Hauptsache – 3 Punkte: Ergebnisorientierung

tionstechnik öffnen Sie die Herzen Ihrer Kunden. Warum sind so viele Verkäufer so schlechte Zuhörer? Die Antwort ist einfach: Sie hören sich lieber selber reden als andere. Wenn sie Freude am Zuhören hätten, wären sie Therapeuten geworden. Sie arbeiten aber als Verkäufer und wahrscheinlich als nicht besonders erfolgreiche.

Ein Top-Verkäufer arbeitet nämlich wie ein Therapeut. Er baut zunächst ein Vertrauensverhältnis auf, analysiert dann die Probleme des Patienten, erarbeitet individuelle Lösungsansätze und bringt ihn dazu, diese neuen Verhaltensweisen im Alltag umzusetzen. Damit diese vier Schritte gelingen, muss der Therapeut seinem Patienten gut zuhören. Was glauben Sie, wie die Redeanteile in einer Therapiesituation verteilt sind? Die richtige Antwort lautet: Der Patient hat 70% und der Therapeut 30% Redeanteil.

In den meisten Verkaufsgesprächen ist es genau spiegelverkehrt. Der Verkäufer redet unentwegt auf den Kunden ein. Er konzentriert sich nur auf sich und seine Produkte. Den Kunden und dessen Bedürfnisse nimmt er kaum wahr. Der Verkäufer glaubt, er weiß schon, was für den Kunden gut ist und daraufhin zeigt er eine Präsentation, die komplett an der Situation des Kunden vorbeigeht.

Wenn Sie erfolgreich verkaufen wollen, müssen Sie keine flotten Sprüche beherrschen und ein großer Rhetoriker sein, sie müssen die Menschen für sich gewinnen. Dabei sollten Sie bedenken: „Reden ist nicht Verkaufen!"

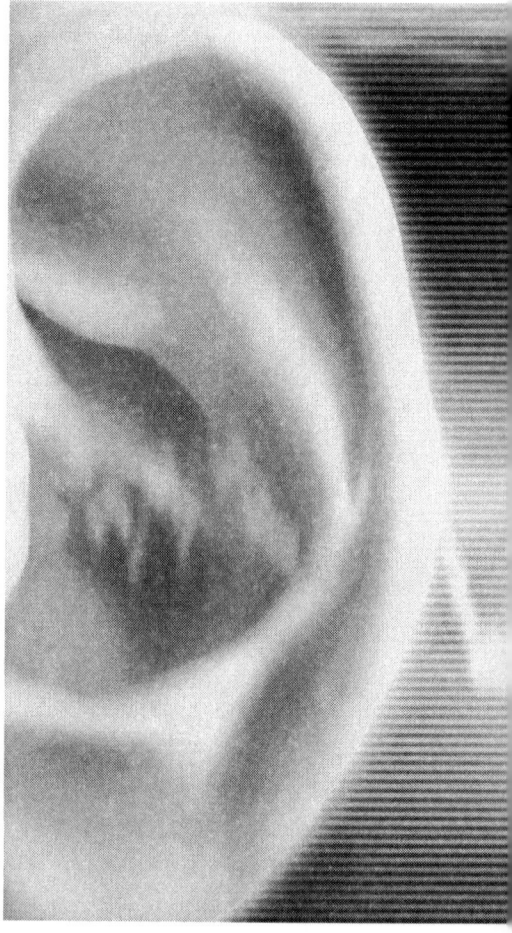

Hauptsache – 3 Punkte: Ergebnisorientierung

Gewinnen Sie Ihre Kunden für sich, indem Sie diesen mit einer positiven Einstellung, sympathisch und vertrauenswürdig begegnen. Dann zwingen Sie sich selbst, ein guter Zuhörer zu sein, vor allem, wenn es um die Produktbedürfnisse Ihrer Kunden geht.

Erfolgreiches Zuhören lebt von Ihrer konzentrierten Aufmerksamkeit. Während Ihr Kunde spricht, suchen Sie bitte nicht in Ihrem Koffer nach Unterlagen, blättern oder lesen Sie währenddessen auch nicht in Broschüren und bleiben Sie stets in

Die Geheimwaffe des Verkaufens: ZUHÖREN!

Hauptsache – 3 Punkte: Ergebnisorientierung

Im Training habe ich mal
die Alkoholiker meiner Mannschaft
gegen die Antialkoholiker spielen lassen.
Die Alkoholiker gewannen 7:1.
Da war's mir wurscht.
Da hab i g'sagt: Sauft's weiter!

Max Merkel

Augenkontakt. Mit Augenkontakt ist nicht gemeint, dass Sie ihren Kunden anstarren sollen. Es ist einfach höflich und effektiv, ihm zugewandt zu bleiben und nicht, während er spricht, aus dem Fenster zu gucken. Wenn Sie gewinnbringend zuhören wollen, sollten Sie die folgenden Schritte beachten.

Stellen Sie Fragen!

Erzählen Sie nicht von sich selbst, sondern eröffnen Sie Ihrem Kunden die Möglichkeit, über sich und seine Situation zu reden. Je präziser Ihre Fragen sind, desto wertvollere Informationen erhalten Sie.

Aufmerksamkeit!

Noch einmal: Konzentrieren Sie sich auf Ihren Kunden, machen Sie sich Notizen. Ihr Kunde freut sich unbewusst, wenn er sieht, dass er etwas so Wichtiges sagt, dass Sie es sich aufschreiben müssen.

Nachfragen!

Um sicher zu gehen, dass Sie alles richtig verstanden haben, fragen Sie ruhig noch einmal nach. Lassen Sie dies aber nicht zur Masche werden, sondern machen Sie es, wenn Sie ein Gefühl der Unsicherheit haben. Ihr Kunde soll auch nicht den Eindruck bekommen, dass Sie begriffsstutzig sind.

Paraphrasieren!

Wenn Ihr Kunde seine Ausführungen beendet hat, fassen Sie mit eigenen Worten zusammen, was er gesagt hat. Achten Sie dabei auf seine Körpersprache, wenn er nickt, wissen Sie, dass Sie ihn richtig verstanden haben. Sollte er aber eine verneinende Reaktion zeigen, dann fragen Sie ruhig noch einmal nach.

Pause!

Bevor Sie nun Ihre Antwort oder Lösung präsentieren, lassen Sie sich ein wenig Zeit. Gute Zuhörer sind Meister der Pause. Ihnen ist die Stille nicht unangenehm. Eröffnen Sie Ihrem Kunden die Möglichkeit, in dieser Phase Ihnen noch weitere Informationen zu geben.

Antwort!

Erst jetzt kommt die von Ihnen auf die Aussagen Ihres Kunden zugeschnittene Antwort. Formulieren Sie dabei die Antwort ausgehend vom Standpunkt Ihres Kunden. Achten Sie darauf, dass Sie 1. so gut wie nie „man" sagen, 2. dass Sie nicht zu häufig „ich" oder „mein Unternehmen" sagen. Und 3. je häufiger Sie etwas aus Kunden-

sicht beschreiben, desto besser erreichen Sie ihn.

Wenn Sie in den nächsten Tagen sich einmal selbst beobachten, wie gut Sie in der Disziplin „Zuhören" abschneiden, dann sollte Sie die Tatsache motivieren, dass Menschen, die gut zuhören können, überall – im Privaten und Beruflichen – sehr beliebt sind.

Bevor wir nun zu einem hoch interessanten Verkaufsmodell kommen, zeigt Ihnen Max Merkels Kommentar eine amüsante und nicht ganz ernst gemeinte Perspektive auf, wie man Ergebnisorientierung auch wahrnehmen kann.

Das psychologische Verkaufsmodell von Brian Tracey

Alle bisherigen Erkenntnisse fließen in ein psychologisches Verkaufsmodell ein, das der berühmte amerikanische Managementtrainer Brain Tracey entwickelt hat. Es

---

Im Fußball ist es wie bei der Liebe.
Was vorher ist, kann auch sehr schön sein,
aber es ist nur Händchenhalten.
Der Ball muss hinein.

Max Merkel

Hauptsache – 3 Punkte: Ergebnisorientierung

besteht aus vier einfachen, aber sehr effizienten Vorgehensschritten.

Schritt 1:
Vertrauensbildung

Der erste Teil des psychologischen Modells ist der Vertrauensbildung gewidmet. Er entspricht ungefähr 40% des gesamten Verkaufsvorgangs. Die Vertrauensbildung ist die Basis des gesamten Verkaufsgesprächs. Wenn es Ihnen nicht gelingt, ein Vertrauensverhältnis zu Ihrem Kunden aufzubauen, werden Sie auf lange Sicht scheitern. Vertrauen ist heutzutage eine unabdingbare Voraussetzung für jede Verkaufsbeziehung.

Schritt 2:
Bedarfsanalyse

30% umfasst etwa der zweite Teil des Modells, der in der Erhebung der tatsächlichen Bedürfnisse des Kunden in Bezug auf Ihr Produkt besteht. Die Bedarfsanalyse erfordert die Vorbereitung zielgerichteter Fragen und aufmerksames Zuhören. Sie erfordert ein Lesen zwischen den Zeilen und ein Feedback sowie die Überprüfung, ob Sie den Kunden auch richtig verstanden haben.

Diese beiden Elemente, Vertrauensbildung und Bedarfsanalyse, machen 70% des Verkaufsgesprächs aus. Werden sie geschickt und professionell erarbeitet, läuft der Verkauf problemlos ab, ohne den Aufbau von Barrieren in Form von Unsicherheiten oder Spannung seitens des Kunden oder des Verkäufers.

Der große Vorteil dieses psychologischen Ansatzes besteht in der Herstellung einer qualitativ guten Beziehung zwischen Käufer und Verkäufer. Dieser Prozess erfordert Fragen und Zuhören sowie die Suche nach einer Möglichkeit, dem Kunden bei der Lösung eines Problems behilflich zu sein. Durch den Aufbau einer Beziehung wird der Stress, der aus Angst vor Zurückweisung beim Verkäufer und der Angst vor einer falschen Entscheidung beim Kunden entsteht, abgebaut.

Wenn Sie Ihre Aufmerksamkeit auf den Kunden und seine Bedürfnisse steuern, wenn Sie Fragen stellen und gut zuhören, entspannt sich der Kunde. Sobald der Kunde fühlt, dass Sie da sind, um ihm zu helfen, öffnet er sich Ihnen gegenüber, wird ehrlicher und zugänglicher und vertraut Ihnen seine tatsächlichen Probleme an. Wenn Sie ihm während dieser ersten beiden Phasen lang und aufmerksam zuhören, sagt Ihnen Ihr Kunde schließlich alles, was Sie wissen müssen, um einen Verkauf abzuschließen.

Schritt 3:
Präsentation von Lösungen

Im 3. Schritt, mit ungefähr 20% der Beratungszeit, erfolgt Ihre Präsentation. Diese Präsentation ist relativ einfach. Sie zeigen Ihrem Kunden nur noch, inwiefern Ihre Produkte auf ideale Weise seine Probleme lösen bzw. seine Bedürfnisse befriedigen. Spitzenverkäufer präsentieren in dieser Phase nur die Elemente eines Produkts, die aus der Sicht des Kunden wirklich wichtig sind.

Schritt 4:
Bestätigung und Abschluss

Im letzten Schritt, die verbleibenden 10%, ist es das Ziel des Verkäufers, die Zustimmung des Kunden zu erwirken, so dass der Verkauf abgeschlossen werden kann. Aufgrund der vorangegangenen Schritte ist der Verkaufsabschluss kein anstrengender Prozess. Zumeist signalisiert in dieser Phase der Kunde sein Kaufinteresse durch Fragen, wie z.B. „Wie lang sind Ihre Lieferzeiten?" oder „Sie haben mich überzeugt, in welchen Farben haben Sie es am Lager?". Dann haben Sie es geschafft! – Glückwunsch!

Sie sehen, das psychologische Verkaufsmodell ermöglicht es Ihnen, ganz ohne clevere Redewendungen und ohne sich verstellen zu müssen, Kunden für sich zu gewinnen. Dabei berücksichtigt dieses Modell die Ergebnisse einer Konsumentenstudie der Universität von Chicago. Diese Untersuchung ergab, dass es Menschen in der heutigen Zeit nicht leiden können, wenn man ihnen etwas „andrehen" bzw. „aufschwatzen" will. Sie möchten von sich aus eine intelligente Kaufentscheidungen treffen und wollen gleichzeitig aber nicht den Eindruck haben, dass man sie überreden oder manipulieren würde. Auf Englisch hieß der Schlusssatz dieser Studie: „People love to buy but they hate to be sold."

Mit dieser Aussage kommen wir zum Ende dieses Kapitels, in dem sicherlich die Parallelen zum Fußball etwas in den Hintergrund getreten sind. Dafür werden die praxisnahen Ideen der Verkaufspsychologie Ihren Vertriebserfolg nachhaltig steigern. Und behalten Sie immer Ihre messbaren Leistungen im Auge, denn weder im Fußball noch im Verkauf werden Schönheitspreise verliehen. Selbst einer der wenigen Preise, „Das Tor des Monats", der im Fußball Ästhetik und Cleverness prämiert, zielt nur auf erfolgreiche Treffer. Oder hat schon einmal ein Spieler die Sportschaumedaille erhalten, weil er so genial daneben geschossen hat?!

DAHIN GEHEN,
WO ES WEH TUT!

Spitzenleistungsorientierung

Dahin gehen, wo es weh tut: Spitzenleistungsorientierung

Ich mag den Schmerz, der mich zum Champion macht.

Toni Schumacher

Es ist die Verbindung von Leistung und Ausstrahlung, von Tollkühnheit und provokantem Charisma", hieß es 2000 in einem Buch zur Geschichte des 1. FC Köln über Toni Schumachers Qualitäten. Die Erfolge Toni Schumachers sprechen eine deutliche Sprache. Mit dem 1. FC Köln wurde Schumacher 1978 Deutscher Meister und dreimal DFB-Pokalsieger (1977, 1978 und 1983). 1980 gewann er zusammen mit der deutschen Nationalmannschaft in Rom die Europameisterschaft. Bei den Weltmeisterschaften 1982 in Spanien und 1986 in Mexiko wurde er Vize-Weltmeister. Mit seinen 464 Bundesligaspielen und 76 Einsätzen in der deutschen Nationalmannschaft hat sich der „kölsche Tünn" selbst ein Denkmal gesetzt.

Neben seinen großen sportlichen Erfolgen wird auch sein brutaler Einsatz gegen den Franzosen Patrick Battiston im Halbfinalspiel 1982 in Sevilla stets mit seinem Namen verbunden sein. Battiston verlor durch Schumachers überharten Zweikampf zwei Zähne und brach sich den Halswirbel. Der Schiedsrichter wertete die Aktion nicht als Foul. Im gleichen Spiel wuchs Schumacher als Torhüter noch über sich hinaus und parierte im Elfmeterschießen gleich zwei Schüsse.

Sein unglaublicher Ehrgeiz und Einsatzwille machten ihn zu einem der besten Torhüter aller Zeiten, wobei er stets darauf achten musste, dass er nicht über das Ziel hinausschoss. Für viele galt er als ein „positiv Verrückter", der völlige Hingabe auf dem Platz auslebte. In seinem 1987 erschienenen Buch „Anpfiff" beschreibt er ausführlich, wie viele Verletzungen, wie viele Quetschungen und Knochenbrüche er hinnahm und wegsteckte, um absolute Spitzenleistungen erbringen zu können.

Welchen Schmerz müssen Sie zu ertragen lernen, um ihr volles Potential ausschöpfen zu können? Einzelne Aspekte

Dahin gehen, wo es weh tut: Spitzenleistungsorientierung

wurden schon im Kapitel „Hauptsache: 3 Punkte" angesprochen. Einen weiteren möchte ich nun mit Ihnen erörtern.

Umgang mit Ablehnung

Für viele, die im Verkauf starten, ist es anfänglich eine harte Erfahrung, das häufige „Nein!" ihrer potentiellen Kunden zu hören. Diese negativen Erlebnisse werden allzu schnell persönlich genommen und Frust macht sich breit! Nun gibt es unterschiedliche Wege, dieser Frustfalle zu entkommen oder gar nicht erst in sie hineinzutappen.

Ein sicheres Gefühl in diesem Zusammenhang verleiht einem eine auf Statistik basierende Einstellung zum Akquise-Erfolg. Ein alter Vertriebsprofi hat mir einmal erklärt, dass jeder Fehlversuch, den er erleiden muss, ihn noch stärker motiviert, da er weiß, dass er dann dem Erfolg immer näher kommt.

Wie viel bringt Ihnen ein Telefonat?

Zunächst habe ich ihn nicht ganz verstanden. Daraufhin hat er es mir an einem Beispiel vorgerechnet. Er sagte zu mir: „Gehen wir davon aus, dass Sie sechs Anrufe benötigen, um einen Kundenbesuch zu vereinbaren. Aus jedem vierten Besuch ergibt

sich ein Auftrag im Wert von durchschnittlich 10.000 Euro. Wenn es dann Ihr persönliches Ziel ist, einen Neukundenumsatz von 150.000 Euro zu erwirtschaften, müssen Sie 360mal zum Telefonhörer greifen (6 x 4 x 15 = 360). Jetzt können Sie sich entscheiden, ob Sie sich von 300 „Nein!", die Sie sich am Telefon anhören müssen, frustrieren lassen, oder Sie sich bewusst machen, dass jedes Telefonat, das Sie tätigen, einen Umsatzwert von 417 Euro hat (150.000 : 360 = 417). Sie können mir glauben, es ist ein ganz anderes Gefühl, wenn man erkennt, dass ein negatives Telefonat einen Umsatzwert hat und nicht sinnlos war. Seitdem ich weiß, dass es kein „Ja!" ohne fünf „Nein!" gibt (statistisch gesehen), habe ich kein Problem mehr mit der Kaltakquise, sondern ich habe sogar Spaß daran!"

Auch Torschützenkönige schießen daneben

Auch im Fußball gibt es statistische Gesetzmäßigkeiten. Wenige wissen, dass Ulf Kirsten in der Saison 1996/1997, als er Torschützenkönig der Bundesliga wurde, nicht nur der Spieler war, der am häufigsten das Tor getroffen, sondern auch der, der am meisten am Tor vorbeigeschossen hatte. Der „Schwatte" nutzte einfach jede Gele-

---

Dann kam das Elfmeterschießen.
Wir hatten alle die Hosen voll,
aber bei mir lief's ganz flüssig.

Paul Breitner

---

genheit für einen Torschuss. Oft traf er nicht, doch anstatt sich darüber zu ärgern und aufzugeben, blieb er seiner Methode treu, die ihn zum dreimaligen Torschützenkönig der Bundesliga machte und ihn mit 182 Toren auf Platz 5 der ewigen Torschützenliste der Bundesliga brachte. Die Plätze 1 bis 4 gehen übrigens an: Gerd Müller (365 Tore), Klaus Fischer (268 Tore), Jupp Heynckes (220 Tore) und Manfred Burgsmüller (213 Tore).

Diese Fußballhelden hatte alle eins gemeinsam: einen unglaublichen Drang zum Tor und zum Abschluss. Haben Sie den auch? Oder spielen Sie lieber den Ball in aussichtsreicher Position lieber noch einmal ab, um nichts falsch zu machen? Dies ist jetzt selbstverständlich im übertragenen Sinn gemeint. Suchen Sie den Verkaufsabschluss oder haben Sie Angst vor einem „Nein!"?

Eine andere Möglichkeit, entspannter mit Ablehnungen und Enttäuschungen umgehen zu können, ist einfach das klare Bewusstsein, dass sie zum Job dazu gehören. Selbst die besten Verkäufer erleben Ablehnung. Sogar die erfolgreichsten Musiker oder Schauspieler müssen immer wieder erleben, dass es manche Menschen gibt, die nichts mit ihren Produktionen anfangen können und kein Interesse an ihnen haben. Deshalb seien Sie nicht traurig, wenn Sie das Gleiche erfahren müssen. Es sollte Sie nicht runterziehen, sondern motivieren, an Ihren Verkaufs- und Abschlussfähigkeiten zu arbeiten. Wenn Sie erfahrener und besser werden, optimieren sich auch Ihre sämtlichen Quoten. Dann benötigen Sie nur noch vier Anrufe, um einen Termin zu machen und bei jedem dritten Besuch erzielen Sie einen Abschluss mit einem durchschnittlichen Umsatz von

Dahin gehen, wo es weh tut: Spitzenleistungsorientierung

Nicht der Beginn wird belohnt,
sondern einzig und allein das Durchhalten.

Katharina von Siena

12.500 Euro. Für 15 Abschlüsse mit einem Gesamtumsatz von 187.500 Euro benötigen Sie dann nur noch 180 Anrufe; somit ist jedes Telefonat mehr als 1.000 Euro wert. Sie haben damit Ihre Umsatzpower mehr als verdoppelt!

Beständigkeit und Disziplin

Zwei weitere Tugenden entscheiden ebenfalls darüber, ob Sie Ihr gesamtes Potential nutzen werden. Diese Tugenden klingen langweilig und unangenehm. Sie bilden aber das Fundament eines jeden großen Erfolges. Denn ohne Beständigkeit und Disziplin bleiben Sie ein ewiges Talent. Im Fußball gibt es immer wieder junge Spieler, die allem Anschein nach die Chance haben, Weltstars zu werden, doch viele von ihnen schaffen den entscheidenden Sprung nicht bzw. können sich nicht lange auf dem hohen internationalen Niveau halten. Sie bleiben solide Spieler, die aber den Erwartungen der Fans und meist auch ihren eigenen nicht gerecht werden. Selbst die größten Talente können sich einen unsteten Lebenswandel nicht auf Dauer leisten. Auch sie müssen weiterhin täglich hart trainieren und auf das ein oder andere, was sich ihre gleichaltrigen Freunde problemlos gönnen können, verzichten. Bei wem sich aber Überheblichkeit mit fehlender Einsicht paart, bei dem ist das Ende einer Weltkarriere näher, als er es selber erahnt.

Auch als Kreisligaspieler ist einem dieses Phänomen vertraut. Ein frühes Tor und ein scheinbar schwacher Gegner raubt der souveränen Mannschaft die Konzentration und lässt sie arrogant und pomadig spielen. Wenn dann der schwächere Gegner eine seiner wenigen Chancen nutzt und durch engagierten Einsatz einen spürbaren Druck aufbaut, kann ein Spiel schnell kippen und plötzlich steht es 1:2 für den Underdog.

Dahin gehen, wo es weh tut: Spitzenleistungsorientierung

Mein Rat: Lassen Sie sich nicht von schnellen Anfangserfolgen, weder im Fußball noch im Vertrieb täuschen. Freuen Sie sich über Ihre Begabung, aber bleiben Sie konsequent und konzentriert am Ball.

Quälix – Felix Magath, der Schleifer

Spitzenleistungen kann nur der erbringen, der in Topform ist, das gilt körperlich sowie mental. In der Bundesliga hat Felix Magath den Ruf eines Schleifers. Seine Spieler stöhnen über die harten Trainingsmethoden, doch seine Erfolge geben ihm recht. Er arbeitet mit seinen Assistenztrainern an den Basisfähigkeiten seiner Spieler und verbessert nachhaltig deren Fitnesswerte. Manchem Ballkünstler passt das nicht, doch das ist „Quälix" Magath gleichgültig. Denn im einem Interview zu seinem Amtsantritt beim FC Bayern München betonte er, dass „Fitness die Voraussetzung ist, um interna-

Dahin gehen, wo es weh tut: Spitzenleistungsorientierung

Ob Felix Magath auch die Titanic gerettet hätte, weiß ich nicht – auf jeden Fall wären alle Überlebenden topfit gewesen!

Jan A. Fjørtoft

(Nach dem erreichten Klassenerhalt mit Eintracht Frankfurt in der Saison 99/00)

---

tional erfolgreich zu sein". Die Bayern-profis durften seine Trainingsphilosophie dann auch sofort im ersten Trainingslager in Rottach-Egern hautnah erleben. Morgens um sieben ging es los. Die Stars bei unangenehmen Regenwetter mussten rauf auf den Wallberg. Es galt, 1722 Meter zu Fuß bis zum Gipfelkreuz im strammen Marschschritt zu absolvieren. Unter Magath lernten die Akteure des FC Hollywood wieder, was Disziplin, Fitness und Ordnung bedeuten. Seine Erfolge gaben seinen harten Methoden recht. In den zweieinhalb Jahren, in denen er bei den Bayern tätig war, wurde er in der Saison 2004/2005 wie auch in der Saison 2005/2006 Deutscher Meister und gewann jeweils den

DFB-Pokal. Felix Magath machte damit das so genannte Double-Double wahr, was zuvor noch keinem anderen Verein und Trainer gelang.

Physisch

Wie ist es um Ihre Fitness bestellt? Die körperliche Belastung im Außendienst wird oft unterschätzt. Wenn man sich hingegen die Anforderungen bewusst macht, kommt man schnell zu der Einsicht, dass ein Verkäufer eine robuste Gesundheit benötigt.

Seine Wirbelsäule, die Bandscheiben und die Schultermuskulatur sind bei den vielen Stunden im Auto stark belastet. Er ist bei Wind und Wetter unterwegs und kommt mit vielen Menschen in Berührun-

Dahin gehen, wo es weh tut: Spitzenleistungsorientierung

gen. Unter diesen Bedingungen kann er sich schnell eine Erkältung einfangen. Ehrlich betrachtet, kann es sich aber ein Außendienstmitarbeiter gar nicht leisten, krank zu werden. Zu viel hängt von seiner persönlichen Präsenz vor Ort ab. Er ist es, der die Umsätze macht. Fällt er einmal aus, bleiben die persönlichen Kundenkontakte auf der Strecke und damit reduzieren sich seine Chancen auf einen gewinnbringenden Umsatz. Diese Belastun-

gen fordern die richtige Einstellung zu seinem Körper.

Gesundheit

An dieser Stelle möchte ich zwischen zwei Aspekten zum Thema Physis unterscheiden. Auf der einen Seite ist es die Gesundheit, auf der anderen die Fitness. Gesund ist landläufig derjenige, der nicht krank ist. „Gesund sein", beschreibt aber nur den augenblicklichen Zustand einer Person. Ob diese Person auf lange Sicht auch eine gute Chance hat, gesund zu bleiben, bringt dies nicht zum Ausdruck. Die Beschreibung „gesund" verrät einem auch nichts darüber, ob diese Person sich Zeit für sich nimmt und bewusst ihre Gesundheit pflegt, um sie aufrecht zu erhalten. Ein im Moment gesunder Mensch kann trotzdem Raubbau an seinem Körper treiben. Der Einfluss seines kurzsichtigen Verhaltens wird erst mit einer gewissen Zeitverschiebung seine Wirkung zeigen.

Interessant ist es, in diesem Zusammenhang das chinesische mit dem deutschen Medizinwesen zu vergleichen. In Deutschland geht man zumeist erst dann zum Arzt, wenn man schon krank ist. In der klassischen chinesischen Medizin ist der Arzt vor allem auf die Vorsorge konzentriert. Er berät seinen Patienten, wenn er gesund ist. In

Dahin gehen, wo es weh tut: Spitzenleistungsorientierung

dieser Beratung zeigt er dann individuelle Wege, die zu gehen sind, um die Gesundheit aufrechtzuerhalten. Dass dieses Konzept funktioniert, beweist ein Blick in die Statistiken der Weltgesundheitsorganisation. Trotz aller Probleme mit Epidemien in Asien werden in China die Menschen immer noch im Weltvergleich mit am ältesten. Dies ist kein Zufall.

Fitness

Deshalb sollte es auch ihr Bestreben sein, sich darum zu bemühen, nicht nur gesund, sondern auch fit zu sein. Fitness beschreibt

Dahin gehen, wo es weh tut: Spitzenleistungsorientierung

eine Lebenseinstellung. Es wird von Ihnen nicht erwartet, dass Sie ab morgen täglich joggen gehen, nur noch Körner futtern und von allem Weltlichen ab sind. Doch sollten Sie in der Auseinandersetzung mit sich selbst, jetzt wo Sie gesund sind, fragen, was kann ich meinem Körper Gutes tun, damit er auch – trotz aller Belastungen – auf lange Sicht gesund bleibt. Einige Ideen dazu habe ich für Sie zusammengestellt. Zuvor möchte ich noch mit Ihnen die andere Seite der Medaille betrachten, die durchaus auch einen Einfluss auf Ihre körperliche Gesundheit hat.

Dahin gehen, wo es weh tut: Spitzenleistungsorientierung

Psychisch

„Über 80% aller Erkrankungen sind psychosomatischen Ursprungs." – Diese Aussage wird Ihnen jeder Mediziner bestätigen. Einige schätzen den Prozentsatz sogar auf weit über 90%. Wenn dies der Fall ist, dann ist es für Ihre Stärke im Beruf von höchster Wichtigkeit, auf eine stabile Psyche Acht zu geben.

Auch wenn die psychischen Belastungen eines Fluglotsen oder eines Hirnchirurgen bedeutend größer sind als die eines Außendienstmitarbeiters, sollte man nicht unterschätzen, welchem Stress ein Verkäufer täglich ausgesetzt ist. In der Einleitung habe ich bereits einige Gesichtspunkte genannt, die ich noch einmal kurz aufgreifen möchte. Zum einen ist es die Ablehnung im Verkauf, die als persönliche Zurückweisung erlebt wird, die Frustrationen, die erfolgloses Engagement mit sich bringen, der Leistungsdruck, die fehlende Sicherheit, das Wissen, funktionieren zu müssen, und zum anderen die nicht unerhebliche Belastung, die Anspannungen in der Partnerschaft mit sich bringen, die durch die Struktur der Vertriebstätigkeit entstehen können.

Wer dies alles wegstecken will, muss gute Nerven haben. Psychisch stabile Persönlichkeiten zeichnen sich entweder durch Skrupellosigkeit oder durch einen starken Charakter aus. Sie haben richtig gehört: Personen, die rücksichtslos und egoistisch durch das Leben gehen, haben zumeist eine stabile Psyche. Sie zahlen aber später im Leben mit Einsamkeit und innerer Leere ihren Preis dafür.

Besonders instabil sind die Menschen, die im Leben nicht ihren Platz gefunden haben, die innerlich zerrissen sind. Diese versuchen, es allen recht zu machen und spüren zugleich, dass sie dabei selber auf der Strecke bleiben. Dieser Spagat führt dazu, dass sie am Ende ihres Daseins oft den Eindruck haben, vom Leben betrogen worden zu sein. Diese innere Zerrissenheit ist der optimale Nährboden psychischer und psychosomatischer Erkrankungen.

Weitblick

Ein Ausweg aus dieser bedrohlichen Krise ist das von Professor Stephen R. Covey entwickelte Konzept mit dem Titel „Schon am Anfang das Ende im Sinn haben", das er ausführlich in seiner herausragenden Veröffentlichung „Die sieben Wege zur Effektivität" beschreibt. Da ich diesen Ansatz als äußerst wertvoll einstufe, möchte ich an dieser Stelle den Autor direkt zitieren: „Schon am Anfang das Ende im Sinn zu haben bedeutet, mit einem klaren Verständ-

Dahin gehen, wo es weh tut: Spitzenleistungsorientierung

Mens sana in corpore sano.

Juvenal

nis des Zieles zu starten. Es bedeutet zu wissen, wo Sie hingehen, damit Sie besser verstehen, wo Sie jetzt sind, und Ihre Schritte immer in die richtige Richtung lenken.

Man kann ganz leicht in eine Aktivitätenfalle geraten, in der Geschäftigkeit des Lebens gefangen sein, härter und härter für die nächste Sprosse auf der Erfolgsleiter arbeiten, nur um dann zu entdecken, dass die ganze Leiter an die falsche Mauer gelehnt ist. Es ist möglich, sehr, sehr beschäftigt, aber nur wenig effektiv zu sein.

Viele Menschen stellen fest, dass Sie leere Siege erringen. Sie erreichen Erfolge auf Kosten von Dingen, von denen sie plötzlich merken, dass sie ihnen wichtig waren. (...) Wie anders unser Leben doch ist, wenn wir wirklich wissen, was uns im Innersten wichtig ist. Und wenn wir dieses Bild vor Augen haben, schaffen wir es jeden Tag wieder, das zu sein und zu tun, worauf es wirklich ankommt." (Stephen R. Covey, Die sieben Wege zur Effektivität).

Persönliche Integrität

Wer diesen Weg geht, der entwickelt einen starken Charakter. Aus der persönlichen Integrität entsteht dann die Fähigkeit, negative Erlebnisse im Verkauf auf breiten Schultern tragen zu können. Damit diese Schultern tragfähig bleiben, verlangt unsere Psyche nach einer ebenso intensiven Aufmerksamkeit wie unser Körper. Zum Glück gibt es einige Kraftquellen, die Sie anzapfen können, um frohen Mutes Ihren Mann im Außendienst stehen zu können.

Eigenverantwortung

Bevor wir einen weiteren Blick in unser Innerstes werfen, möchte ich noch einmal auf Ihre Fitness zurückkommen. Es ist mir sehr wichtig, dass Sie sich in den nächsten Tagen eingehend mit den gleich folgenden Aspekten auseinandersetzen. Auch hier ist zunächst wieder Ihre Selbsterkenntnis gefordert. Sollten Sie Diskrepan-

Dahin gehen, wo es weh tut: Spitzenleistungsorientierung

zen zwischen Ihrem möglichen Ist- und dem empfehlenswerten Soll-Zustand entdecken, appelliere ich an Ihre Eigenverantwortung. Verzichten Sie auf Ausreden und gehen Sie das Nötige an. Bedenken Sie bei allem, wie Sie leben und was Sie tun, den Ausspruch der Römer, dass ein gesunder Geist in einem gesunden Körper wohnen solle.

Wie halten Sie Ihre Gesundheit aufrecht? Zunächst empfehle ich Ihnen, lassen Sie sich gründlich von Ihrem Arzt durchchekken, damit Sie wissen, in welchem Bereichen Sie fit sind und wo Sie noch Optimierungspotential haben. Nehmen Sie dann den Rat Ihres Arztes an! Abgesehen von dessen Hinweisen möchte ich Sie für drei Bereiche Ihres Lebens sensibilisieren. Stellen Sie sich einmal vor, Sie würden ein Rennpferd besitzen, das eine Million Euro wert wäre. Wie würden Sie dieses Pferd behandeln und wie würden Sie es füttern? Würden Sie ihm einige Eimer Wodka-Lemon zu saufen geben und Fritten mit Mayonnaise als Futter sowie Mousse au Chocolat zum Nachtisch? Würden Sie ihm Bier statt Wasser geben und ein Pfund Eis mit extra viel Sahne statt Hafer? Würden Sie das edle Tier mit House-Musik beschallen und nachts mit ihm durch die Lokale ziehen? Würden Sie ihm das Rauchen beibringen und ihm einen Fernseher in den Stall stellen, damit es so richtig nervös wird und schlecht schläft?

Natürlich würden Sie all diese Dinge nicht tun. Aber warum behandeln viele Menschen sich selbst so? Keine Angst, ich will Ihnen nicht Ihr Bier, Ihre Fritten oder den Fernseher verbieten. Es ist nur mein Ziel, Ihnen einen Weg zu einem Leben aufzuzeigen, das erfüllender und gesünder sein kann, als wenn man nur so vor sich hin lebt, ohne sich seines Handelns bewusst zu sein. Beurteilen Sie Ihr eigenes Verhalten in den folgenden Bereichen:

Ernährung

Wer im Vertrieb ist, der greift gern zu schnellen und einfachen Lösungen, wenn es um das Essen unterwegs geht. Vielleicht ist es sogar manchmal unmöglich, nicht auf Fastfood zurückzugreifen, denn es schmeckt ja auch. Aber lassen Sie dies nicht zu Ihrer einzigen Nahrungsquelle werden. In dem provokanten und überzeichneten Dokumentarfilm „Super Size Me!" können Sie sehen, welchen Einfluss Fastfood auf die Gesundheit eines Menschen hat. Ein Besuch in den Vereinigten Staaten oder ein Blick in die Statistiken der WHO gibt Ihnen einen Eindruck davon, welche verheerende Wirkung die

Dahin gehen, wo es weh tut: Spitzenleistungsorientierung

Kultur der Schnellrestaurants auf die Gesundheit der Amerikaner, vor allem der amerikanischen Kinder hat. Hier sollen Burger, Cola und Fritten nicht verteufelt werden, denn es ist wahr, dass eine Studie – durchgeführt im Auftrag von McDonalds – belegen konnte, dass die Ernährung mit McDonalds-Produkten gesundheitsförderlich sein kann. Wer sich den Speiseplan dieser Studie durchgelesen hat, wird schnell feststellen, dass neben BigMäcs und Chicken McNuggets 60% der Mahlzeiten aus Salat und Obst bestanden. Als Getränke wurden zu meist Wasser oder Milch vorgeschlagen. Vielleicht ist das für Sie ein hilfreicher Hinweis: Wenn Sie schon Fastfood essen müssen, dann sollte der Rest Ihrer Ernährung aus frischem Gemüse, Rohkost und Obst bestehen. Außerdem sollten Sie mindestens drei Liter Wasser trinken. Wer raucht oder sich dann und wann ein Glas Alkohol gönnt, für den ist es von höchster Wichtigkeit ungesüßtes und hochwertiges Wasser in großen Mengen zu trinken. – Noch ein Tipp: Essen Sie nie im Gehen und am besten auch nicht im Stehen. Verzichten Sie ebenso auf Snacks während der Autofahrt. Nehmen Sie sich Zeit zum Essen und genießen Sie in Ruhe. Ihr Magen wird es Ihnen danken.

Bewegung

In Anknüpfung an den vorangegangenen Punkt möchte ich allen, die zur Zeit ein Problem mit ihrem Gewicht haben, die einfachste Diät der Welt verraten. Sie heißt die 6-Wörter-Diät: „Iss weniger und beweg Dich mehr!" Das „weniger" bezieht sich auf weniger Junkfood und die weißen Gifte (Zucker, Salz und weißes Mehl). Rohkost, Salat, Gemüse und von den meisten Obstsorten können so viel Sie essen, wie Sie wollen. – Bewegung ist nicht nur bei einer Diät, sondern für jeden von uns von höchster Wichtigkeit. Übrigens ist Bewegungsmangel der zweite entscheidende Grund für die erschreckende Situation in den USA. Wer nur vor dem Computer, dem Fernseher oder der Playstation sitzt, muss sich nicht wundern, wenn er langsam verfettet. Bewegung tut Not. Dabei gilt es zu beachten, dass die Art der Bewegung maßvoll und passend ausgewählt wird. Sprechen Sie am besten einmal mit Ihrem Hausarzt darüber, was das Richtige für Sie wäre, denn nicht jeder ist zum Marathonläufer geboren. Übertriebener Ehrgeiz kann hier eine Menge Schaden anrichten. Eines sollten Sie auf jeden Fall täglich versuchen: Bewegen Sie sich mindestens 30 Minuten an der frischen Luft. Ob Sie nun joggen, walken, wandern oder nur schlendern,

Dahin gehen, wo es weh tut: Spitzenleistungsorientierung

Ein Torhüter muss Ruhe
ausstrahlen.
Er muss aber aufpassen,
dass er dabei nicht einschläft.

Sepp Maier

---

das ist erst einmal egal. Tanken Sie Ihren Körper voll mit frischem Sauerstoff. Ich empfehle Ihnen, wenn Sie Mitglied eines Fitnessstudios sind, dass Sie regelmäßig auch Sport im Freien machen. Zeigen Sie Selbstdisziplin! Wie das geht, durften Sie schon erfahren. Sport ist außerdem eine tolle Möglichkeit für Geselligkeit. Damit meine ich nicht die beliebte 3. Halbzeit oder das 19. Loch beim Golf.

Gemeinsam fit werden

Machen Sie Sport nicht allein. Suchen Sie sich ein paar Freunde, mit denen Sie aktiv sind. So können Sie sich gegenseitig motivieren, wenn es dem einen einmal schwer fällt, seine Bequemlichkeit zu überwinden.

– Und in der Regel machen sogar Einzelsportarten wie Radfahren oder Laufen in der Gruppe mehr Spaß als allein. – Spaß ist übrigens ein wichtiges Stichwort. Sport darf nicht zur Qual werden. Manchmal muss man sich durchaus überwinden, aber unterm Strich sollten Sie stets nach dem Sport eine bessere Laune haben als vorher. – Aber was ist, wenn ich mein Tennismatch verloren, beim Golf nur die Grünanlage gepflügt und beim Fußball ein Eigentor geschossen habe, soll ich mich dann immer noch freuen? – Ja! Freuen Sie sich darüber, dass Sie die Gesundheit und Fitness haben, dies überhaupt erleben zu dürfen und nehmen Sie sich nicht selbst zu ernst. Lachen Sie über sich selbst, bevor es ein anderer

Dahin gehen, wo es weh tut: Spitzenleistungsorientierung

tut. Verbissenheit ist kein guter Ratgeber. Trainieren Sie fleißig, aber übertreiben Sie es nicht.

Schlaf

Unser Schlaf ist ein wertvoller Bestandteil unserer geistigen und körperlichen Entspannung. Schlaf ist die wohl beste Regenerationsmöglichkeit für Körper, Gehirn und Seele. Mangelnder Schlaf kann dagegen mit der Zeit zu schweren psychischen Schäden führen und den Verschleißprozess des Körpers beschleunigen. Wozu dient eigentlich der Schlaf? Auch wenn dies noch nicht endgültig erforscht ist, so gehen Schlafforscher doch davon aus, dass der Körper sich vor allem in der Tiefschlafphase regeneriert, indem er seinen Energiebedarf um die Hälfte vermindert, Atem und Puls verlangsamt und die Gehirntätigkeit herunterfährt. Gleichzeitig erneuern sich die Zellen, werden Heilungsprozesse gefördert und die Abwehrkräfte gestärkt. Guter Schlaf dient also nicht nur dem Gesundungsprozess, sondern ist auch ein guter Schutz gegen Krankheiten und gegen den Alterungsprozess des Körpers (daher spricht man auch vom Schönheitsschlaf).

Die Traumphasen dagegen dienen primär der psychischen und seelischen Regeneration. Entscheidend für den Erholungswert des Schlafes ist aber nicht nur die Schlafdauer – je nach individueller Veranlagung liegt diese etwa zwischen sechs und neun Stunden –, sondern vor allem auch die Qualität und Intensität des Schlafes. Übrigens: Auch ein viertelstündiger Mittagsschlaf kann Wunder wirken. Er reicht für eine Traumphase und somit für die psychische Regeneration. Entscheidend dabei ist allerdings, nur kurz einzunicken und die so genannte Alphaphase zu durchwandern, ohne in den Tiefschlaf zu geraten – eine gute Maßnahme für den Seelenhaushalt.

Zusammenspiel von Körper und Geist

Sie werden sicherlich bemerkt haben, dass alle Aspekte zur körperlichen Gesundheit sich ebenso auf die seelische Gesundheit auswirken. Wer sich schlecht ernährt, wird träge und lustlos - übrigens auch in sexueller Hinsicht. Gesundes Essen, das man in Ruhe genießt, macht glücklich und gute Laune. Bewegung und Spaß im sportlichen Spiel tut ebenfalls unserer Seele gut. Erfolge im Sport stärken unser Selbstwertgefühl und machen uns selbstsicherer. Und Schlaf ist die beste Regenerationsmöglichkeit für Körper, Geist und Seele.

Dahin gehen, wo es weh tut: Spitzenleistungsorientierung

Wellness für die Seele

So wie Sie Ihren Körper fit halten sollten, um den Herausforderungen des Berufalltags gerecht zu werden, ist es ebenso wichtig, dass Sie wohltuende Kraftquellen für Ihr seelisches Gleichgewicht kennen und diese auch anzapfen. Wer mental stark ist, versteht die Schwierigkeiten der Vertriebstätigkeit erfolgreich zu managen. Zeitdruck, Reisestress, Frustration, aggressive Kunden und hilflose Führungskräfte werden dann zu erträglichen Begleiterscheinungen und nicht zu schmerzenden Motivationskillern. Es gibt eine Vielzahl von Wegen, wie man zur inneren Ruhe finden kann. Die sieben beliebtesten Möglichkeiten möchte ich Ihnen nun vorstellen. Wichtig dabei ist es, dass Sie für sich selbst entdecken, was Ihre optimale Kraftquelle ist, bei der Sie so richtig auftanken können. Wenn Sie innerlich ausgeglichen sind, dann geht es Ihnen auch zumeist körperlich gut und Sie bekommen eine gewinnende Ausstrahlung, die ein entscheidender Faktor Ihres Vertriebserfolges ist. Lassen Sie uns auf eine gemeinsame Entdeckungsreise gehen, um herausfinden, was Ihnen so richtig gut tut.

Natur

Die Natur bietet im wahrsten Sinne des Wortes eine der natürlichsten Arten, innerlich aufzutanken. Der Mensch ist ein Teil der Natur und hat in ihr seine Heimat. Seit langem leben wir in der Polarität zweier Seelen: als Kultur- und als Naturwesen. Doch je mehr wir uns von unserem ursprünglichen Eingebundensein in der Natur entfernen, umso größer wird unser Bedürfnis nach ihr. Deshalb wird gerade heute in der Zeit der Hochtechnisierung die Natur als Quelle für innere Harmonie, Seelenruhe und Gesundheit wiederentdeckt. Vielleicht ist Ihnen bisher die Schönheit der Natur als Kraftquelle verborgen geblieben. Auch ich habe sie erst recht spät für mich entdeckt. Wenn gleich „Gardening", so bezeichnet man auf Neudeutsch die altvertraute Gartenarbeit, von der viele begeistert sind und ihnen unendlich gut tut, nichts für mich ist, so genieße ich mittlerweile sehr einen entspannten Wald- oder Strandspaziergang. Wann haben Sie sich dafür zum letzten Mal Zeit genommen? Übrigens kann man spazierend hervorragend Mitarbeitergespräche führen! Schon die griechischen Philosophen liebten das Wandeln und zeitgleiche Denken und Diskutieren. Probieren Sie es aus!

Musik

Schon vor viertausend Jahren wusste man in China um die Heilwirkung der Musik auf

Dahin gehen, wo es weh tut: Spitzenleistungsorientierung

den Menschen. Im Alten Testament lässt König Saul nach David schicken, damit er ihn mit Harfenklängen von seinen Schwermutsanfällen befreie. Viele hundert Jahre später schrieb Martin Luther, die Musik vertreibe den Teufel fast so gut wie die Theologie. Und selbst Napoleon Bonaparte bekannte: „Die Musik hat von allen Künsten den tiefsten Einfluss auf das Gemüt". Heutzutage behandeln Musiktherapeuten schwer kranke Menschen und es gelingt ihnen, Komapatienten mit Musik ins Leben zurückzuholen. Und Sie kennen selbst die Wirkung auf Ihre Stimmung, wenn Sie unverhofft im Radio Ihren Lieblingssong hören, der Sie motiviert und Ihnen Kraft gibt. Wie heißt Ihr Song? Stellen Sie sich doch einfach eine CD zusammen mit Ihren Power-Hits, die Sie so richtig puschen und eine andere mit entspannenden Melodien, die Sie erden. In meinem Auto habe ich eine CD, die mir, egal wie schlecht es mir geht, mit ihrer Musik immer wieder ein Lächeln ins Gesicht zaubert (Danke, Ina Müller, für Deine großartigen Lieder!). Nutzen auch Sie die Kraft der Musik!

Genuss

In den hektischen Momenten des Alltags verlieren wir oft die Möglichkeiten und Fähigkeiten zum Genießen. Dabei tut Genuss uns so gut. „Er hält", wie der Volksmund über den Genuss von Essen und Trinken sagt, „Leib und Seele zusammen." Wir können aber nicht nur Essen und Trinken genießen, eigentlich lässt sich alles Schöne genießen. Haben Sie schon einmal die Stille oder das Nichtstun genossen? Es kann so großartig sein, ruhig am Meer zu stehen, auf den Horizont zu blicken und sich ganz diesem Moment hinzugeben. Das ist Genuss in Reinkultur. Aber auch das Genießen will gekonnt sein. Nehmen Sie sich die nötige Zeit! Fast Food war gestern. Die Deutschen entdecken mehr und mehr, wie schön es ist, mit hochwertigen Produkten kulinarische Genüsse zu kochen. Erlauben Sie sich die eine oder andere kleine Sünde. Wie sagte schon Oscar Wilde: „Allem kann ich widerstehen, nur der Versuchung nicht." Solange Sie nicht übertreiben, sollte es kein Problem sein. Genuss entsteht nämlich auch erst durch Verzicht. Wer täglich in einem Sternerestaurant speist, weiß dies irgendwann nicht mehr zuschätzen und verliert die Freude daran. Genuss kann auch schon im Kleinen entstehen, oder können Sie sich nicht an dem Geruch eines frischen Brotes oder dem Geschmack einer reifen Erdbeere erfreuen?

Dahin gehen, wo es weh tut: Spitzenleistungsorientierung

Konzentration

Konzentration, das klingt doch eher nach Kraftinvestition als nach Kraftquelle. Dabei ist aber Konzentration, d.h. mit ganzer Aufmerksamkeit bei einer Tätigkeit zu sein, ein Prozess, der uns mit uns selber verbindet und uns innerlich auftanken lässt. Konzentration ist zugleich Ursache und Wirkung von Spitzenleistung und tiefster innerer Befriedigung, die wiederum unsere Psyche stärkt. Für Schachfans ist es unglaublich befriedigend, sich in einer starken Partie zu verlieren und nur auf das Spiel konzentriert zu sein. Ähnlich geht es Rätselfreunden. Aber auch beim Lesen eines spannenden Krimis oder einer romantischen Liebesgeschichte können Zeit und Raum völlig in den Hintergrund treten. Dann entsteht aus der Konzentration neue Lebensenergie.

Humor

„Lachen ist die beste Medizin!", diese Volksweisheit wurde unzählige Male wissenschaftlich belegt. Beim Lachen aktivieren wir Muskeln, produzieren Glückshormone und wirken einfach sympathisch. In Krankenhäusern sind mittlerweile weltweit Medizinclowns unterwegs. Damit sind keine unfähigen Ärzte gemeint, sondern zumeist ehrenamtlich tätige Männer und Frauen, die es sich zur Aufgabe gemacht haben, Kindern und auch Erwachsenen im beschwerlichen Krankenhausalltag wieder ein Lachen ins Gesicht zu zaubern. Dieses lobenswerte Engagement führt nicht nur zu einer besseren Stimmung auf der jeweiligen Station, sondern es hat auch einen nachweisbaren Effekt auf die Genesung. Auch Sie können dies nutzen! Ich habe selbst eine zeitlang abends gern unterhaltsame und witzige DVDs geschaut, um abschalten zu können. In dieser Zeit durfte ich etwas Wunderschönes erleben: Wer lächelnd einschläft, steht auch lächelnd wieder auf!

Spiritualität

So wie der Mensch sich mehr und mehr von der Natur abgewandt hat, genauso distanziert er sich von den Aspekten des Lebens, die über das Materielle hinaus gehen. Der Mensch ist nicht nur ein Naturwesen, sondern in ihm ist ebenso ein göttlicher Teil beheimatet. Auch wenn ein Atheist nicht an Gott glaubt, so spürt er doch, dass „es mehr zwischen Himmel und Erde gibt, als wir sehen und begreifen können", so wie es Goethe einmal formulierte. Es geht hier nicht um Esoterik oder Okkultismus, sondern um grundlegende Bedürfnisse der menschlichen Seele. Erst, wenn wir es uns erlauben, diesen Teil, der zu uns genauso gehört wie Bewegung und Er-

Dahin gehen, wo es weh tut: Spitzenleistungsorientierung

Nichts ist scheißer als Platz 2!

Erik Mejer

nährung, zu leben und zu gestalten, nutzen wir das gesamte Potential der menschlichen Natur. Wer sich nicht leer und ausgebrannt fühlen will, findet in den einzelnen Aspekten des Spirituellen eine enorme Kraftquelle. In diesem Zusammenhang möchte ich Ihnen einen ernst gemeinten Rat geben: Die spirituelle Erleuchtung hat kein Preisschild. Wenn Einzelpersonen oder Organisationen hunderte Euros verlangen und Ihnen dafür Ihr Seelenheil garantieren, sollten Sie ganz vorsichtig sein bzw. mit den Anbietern den Kontakt abbrechen! Sie können auch ohne teure Kurse innere Einkehr halten. Meditation, Gebet und begeisternde Predigten gibt es auch kostenlos. Sie werden von Menschen angeboten, die keine kommerziellen Interessen haben, sondern denen es tatsächlich darum geht, zu Gott zu finden.

Fußball

Oder gehört dieser Aspekt bereits zum vorherigen Thema?! Wie schon in der Einfüh-

rung erwähnt, pilgern an jedem Wochenende weltweit Millionen von Menschen in die Stadien oder verfolgen die Partien im Fernsehen und erleben dabei Emotionen in unglaublicher Intensität. Kein Spielfilm, Buch oder sonstige Produktion vermag es, Menschen so zu fesseln wie ein grandioses Fußballmatch. Solange bei Ihnen ein Stadionbesuch nicht in ein maßloses Besäufnis ausartet oder starke Aggressionen in Ihnen hervorruft, finden Sie im Fußball ein Ventil und einen Glücksbereiter, wie es kaum einen besseren gibt.

Spitzenleistungen erfordern es, dass man professionell an eine Aufgabe herangeht. Dazu zählen nun einmal auch im Vertrieb körperliche und mentale Fitness. Einige Ideen zu diesen Aspekten durfte ich Ihnen vorstellen und ich hoffe, dass Sie die eine oder andere aufgreifen, um sich in eine Topverfassung zubringen. Ich wünsche Ihnen auf dem Weg zur Spitze einen langen Atem und genügend Disziplin das zu tun, was Sie zum Champion machen wird!

JUST DO IT!

Handlungsorientierung

Just do it: Handlungsorientierung

Wenn wir hier schon nicht gewinnen, dann zertreten wir denen wenigstens den Rasen!

Rolf Rüssmann

Wenn in diesem Kapitel der Aspekt der Handlungsorientierung erörtert werden soll, ist es wichtig, zu erkennen, dass Handlungsorientierung nicht mit blindem Aktionismus verwechselt werden darf, so wie es der ehemalige Nationalspieler Rolf Rüssmann in seiner Stilblüte fordert. Unter dem Begriff Handlungsorientierung soll ein zielgerichtes, aktives Engagement verstanden werden, wie es die beiden Geschäftsmänner der folgenden Geschichte vorbildlich über vierzig Jahre hinweg realisiert haben.

Als 1964 Phil Knight und Bill Bowerman die Schuhfabrik Blue Ribbon Sports gründeten, erzählten sie jedem von ihrem unglaublichen Plan: Sie wollten die weltweite Nummer 1 der Sportschuhhersteller werden. Egal ob Geschäftspartner, Banker oder ihre Ehefrauen – niemand wollte ihnen so recht glauben. Manche hielten sie sogar für verrückt. Dabei hatte Phil Knight in seiner Diplomarbeit einen genauen Plan niedergelegt, wie man die weltweite Dominanz von Adidas und Puma im Sportartikelmarkt brechen könne. Knight plädierte für ein preiswertes, aber qualitativ hochwertiges Konkurrenzangebot, das durch eine intensive Marketingstrategie Fuß fassen sollte. Trotz dieses überzeugenden Konzepts fanden sie anfänglich kaum Unterstützung für ihre Ideen.

Eines Abends saßen Phil Knight und Bill Bowerman in einer Bar zusammen und sprachen über die Zurückweisungen und

Just do it: Handlungsorientierung

Erfolg buchstabiert man T-U-N.

Jürgen Höller

Frustrationen, die sie seit der Gründung von Blue Ribbon Sports erleben mussten. Daraufhin tätigte Phil Knight einen Ausspruch, der Geschichte machen sollte: „Egal, was alle anderen sagen, lass es uns einfach tun." Aus diesem Spruch wurde dann der Werbeslogan „Just do it!". 1972 wurde Blue Ribbon Sports in NIKE inc. umbenannt.

Heute erwirtschaftet NIKE einen Jahresumsatz von ca. 15 Milliarden Dollar und hat über 25.000 Mitarbeiter. – Und sie sind die Nummer 1 der Sportartikelherstellerbranche! In einem Interview mit dem Magazin „Forbes" hat Phil Knight 2004 kurz vor seinem Rücktritt zugegeben, dass es länger gedauerte hat als erwartet, ihr Ziel zu erreichen, aber schlussendlich hätten sie triumphiert.

Dieses Kapitel thematisiert mit der Handlungsorientierung ein entscheidendes Element des „Let's be g-r-e-a-t!"-Erfolgskonzepts und Nikes Werbeslogan sollte für jeden Manager und Verkäufer Richtschnur sein. Ein bekannter Motivationstrainer hat einmal dazu gesagt: „Erfolg buchstabiert man T-U-N."

Selbst wenn die Zeit der großen Motivationsgurus und Tsjakka-Schreier schon längst vorbei ist, so hatten sie in diesem einen Punkt Recht. Wer in seinem Leben etwas erreichen möchte, muss aufhören zu jammern, seine Ärmel hochkrempeln und anfangen zu handeln.

Zögern Sie nicht länger!

Auch hier habe ich für Sie einen bewährten Rat: „Besser unvollkommen begonnen, als perfekt gezögert." Viele Menschen verpassen die großen Chancen des Lebens, weil sie alles lieber theoretisch durchdenken, als es praktisch umzusetzen. Sie haben Angst, Fehler zu machen. Ich kann Ihnen aus Erfahrung sagen: Wenn Sie mutig handeln, stehen Ihnen unvorhergesehene Kräfte zur Verfügung. Fangen Sie an! Tun Sie es!

Die 72/21-Regel

Und wenn Sie sich etwas vornehmen, dann beginnen Sie mit der Umsetzung in den nächsten 72 Stunden. Wenn Sie diese 72 Stunden verstreichen lassen, fällt die Wahrscheinlichkeit, dass Sie das, was Sie sich vorgenommen haben, tatsächlich tun werden, unter 5%. Deshalb empfehle ich Ihnen, gehen Sie Ihre Ziele nicht erst irgendwann an, sondern am besten sofort – aber spätestens in den nächsten 72 Stunden!

Es gilt noch eine weitere Zeitspanne zu beachten: Die 21-Tage-Regel! Erst wenn Sie 21 Tage lang etwas täglich tun, wird es zu einer Gewohnheit, zu einem Automatismus. Nach drei Wochen geht Ihr Verhalten in Fleisch und Blut über. Jeder, der schon einmal mit dem Joggen begonnen hat, kennt diesen Effekt. Sie müssen drei Wochen durchhalten und Ihren inneren Schweinehund bekämpfen. Wenn Sie diese Zeit durchhalten, dann haben Sie es geschafft. Ab der vierten Woche ist es für Sie zur Normalität

geworden. Leider geben die meisten Menschen schon nach ein, zwei Wochen ihre guten Vorsätze auf. Gerade in Fitness-Studios lässt sich dieser Effekt zu Beginn eines jeden Jahres bestens beobachten. In den ersten Wochen des Januars wird das Studio gestürmt von all denen, die gesün-

Just do it: Handlungsorientierung

der leben oder abnehmen wollen. Doch warten Sie bis Februar und das Strohfeuer der guten Vorsätze ist wieder erloschen, außer bei denen, die länger als 3 Wochen täglich am Start waren, die bleiben treue Fitness-Fans.

Wie heißt
hre Lieblingsausrede?

Geben Sie Vollgas und hören Sie endlich auf, aus Angst und Bedenken permanent sich selbst auszubremsen. Zögern und Aufschieben sind die größten Erfolgsverhinderer. In meinen Coachings begegne ich häufig Menschen, die mir begeistert von ihren großartigen Ideen und Zukunftsplänen berichten. Wenn ich sie dann frage, warum sie noch nicht angefangen haben, ihre Vorhaben zu realisieren, muss ich mir eine Menge Ausreden anhören. Ich

habe Ihnen hier einmal die beliebtesten aufgelistet:

- Mir fehlt einfach das Startkapital!
- Meine Frau (bzw. mein Mann) unterstützt mich nicht bei dem Projekt!
- Mir fehlt die nötige Ausbildung!
- In Deutschland ist das nicht möglich!
- Ich habe keine Zeit!
- Ach, Geld verdirbt am Ende nur den Charakter!

Überprüfen Sie sich einmal selbst, welche von den obigen Ausreden auch Sie gern benutzen! Machen Sie bitte nicht den Fehler und begrenzen Sie sich selbst durch ihre Sprache und ihre Gedanken. Um eins klarzustellen: Ich halte nichts vom sonst so viel

Eine gute Idee, die noch heute in die Tat umgesetzte wird, ist besser als eine perfekte, die erst morgen realisiert wird.

George S. Patton

Just do it: Handlungsorientierung

Die meisten Menschen überschätzen, was sie in einem Jahr erreichen können und unterschätzen, was in zehn Jahren möglich ist.

Phil Knight

gelobten Positiven Denken. Positives Denken wurde schon für viele zu einer gefährlichen Falle. Sie redeten sich einfach alles schön, schlimmer noch, es wurden Bilanzen gefälscht, damit der schöne Schein gewahrt werden konnte. Eine positive Grundeinstellung ist wichtig und richtig, aber behalten Sie bitte immer einen klaren Blick für die Realität. Und wer mit offenen Augen durch das Leben geht, entdeckt schnell eine Menge guter Chancen, die es zu nutzen gilt. Eine günstige Gelegenheit ist wie ein Pfeil und nicht wie ein Bumerang, wenn er vorbei zischt, kommt er nicht wieder zurück.

Pleiten, das Sprungbrett zum Erfolg

Beweisen Sie Mut und nehmen Sie die Herausforderungen an. Haben Sie keine Angst, dabei etwas falsch zu machen. Eine Untersuchung erfolgreicher Unternehmer hat ergeben, dass diese bei ihren Investitionen und Projekten in 7 von 10 Fällen gescheitert sind, teilweise sogar bankrott gingen. Doch die drei erfolgbringenden Entscheidungen machten sie so reich, dass die Verluste schnell vergessen waren.

Denken Sie an Donald Trump, der Anfang der neunziger als Bauunternehmer einen harten Rückschlag erlitt und fast pleite ging. Seine Privatschulden bezifferten sich auf fast 1 Milliarde Dollar. Dank seiner Cleverness und seines unbändigen Willens hat er diese schwere Zeit gemeistert. Er hat nicht nur sämtliche Privatschulden getilgt, sondern besitzt mittlerweile laut der aktuellen Forbes-Liste der reichsten Menschen der Welt (Stand 2008) wieder über 3 Mil-

Just do it: Handlungsorientierung

Man gibt immer den Verhältnissen die Schuld für das, was man hat.
Ich glaube nicht an Verhältnisse.
Diejenigen, die in der Welt vorankommen, gehen hin und suchen sich die Verhältnisse, die sie wollen.
Und wenn sie sie nicht finden können, schaffen sie sie selbst.

Bernhard Shaw

---

liarden Dollar. Es hätte niemanden gewundert, wenn er nach den schweren Rückschlägen zu sich selbst gesagt hätte, ich bin ein Versager und gebe auf. Aber anscheinend lebt Donald Trump nach Churchills Lebenscredo.

Churchills letzte Rede

Als der ehemalige englische Premierminister bereits 93 Jahre alt war, wurde er von einer Universität nahe seiner Heimatstadt eingeladen, einen Vortrag zu halten. Es kamen sehr viele Menschen, um den berühmtesten lebenden Menschen Englands sprechen zu hören. Als Churchill den Vortragssaal betrat, waren Tausende Menschen versammelt. Der Dekan der Universität gab den Anwesenden bekannt, Churchill würde nun, in seiner wahrscheinlich letzten großen Rede, die Quintessenz seines langen und bemerkenswerten Lebens verkünden. Unter großem Applaus trat Churchill ans Rednerpult, blickte in die Gesichter der Menschen, wartete noch

Just do it: Handlungsorientierung

einen Moment und sagte mit tiefer Stimme: „Geben Sie nie, nie, niemals auf!" Danach setzte er sich wieder hin! Dies war seine Botschaft.

Und wenn Sie tatsächlich einmal aufgeben und Ihre gesetzten Ziele nicht erreichen, wer ist dann aus Ihrer Sicht verantwortlich? Schon seit Kindesbeinen versuchen wir, uns der Verantwortung für unsere Taten zu entziehen. Oftmals zeigen wir auch als Erwachsene dieses Verhalten. Wenn uns etwas nicht gelingt oder wir es erst gar nicht tun wollen, dann sagen wir:

- Das geht doch gar nicht!
- Die anderen machen das auch so!
- Das ist nicht mein Aufgabenbereich.
- Das bringt doch nichts!
- Ich kann noch nicht, ich muss erst ...
- Was ist, wenn es schief geht?
- Das ist nicht meine Schuld, sondern ....!

Wer ist schuld?

Wen ziehen wir alles zur Verantwortung, wenn wir Fehler machen oder versagen: Den Chef, die Kollegen, die Erziehung, die Gesundheit, den Stress, die Familie, das Schicksal, die Gene, das Wetter oder andere Verführungen. Ist uns dabei aber

bewusst, dass wir demjenigen, dem wir die Schuld zuschreiben, Macht über uns und unsere Entscheidungen geben? Wir werden dadurch ohnmächtig! Wir werden zu einem Spielball der Verhältnisse.

George Bernhard Shaw, der irische Literatur-Nobelpreisträger, hat dies einmal so formuliert: „Man gibt immer den Verhältnissen die Schuld für das, was man hat. Ich glaube nicht an Verhältnisse. Diejenigen, die in der Welt vorankommen, gehen hin und suchen sich die Verhältnisse, die sie wollen. Und wenn sie sie nicht finden können, schaffen sie sie selbst."

Vereinfacht kann man auch sagen: Man geht nicht raus und hat ein gutes Leben. Man geht raus und macht sich ein gutes Leben.

Übernehmen Sie Verantwortung für Ihre Entscheidungen und Ihr Verhalten. Es ist sehr wichtig, dass Sie dies nicht nur in negativen, sondern auch in positiven Situationen tun. Wenn Ihnen etwas gut gelingt und andere Sie vielleicht sogar loben, dann denken oder sagen Sie nicht: „Da habe ich Glück gehabt!". Seien Sie dann auch stolz auf sich und Ihre Leistungen, feiern Sie die Momente, wenn Sie besondere Herausforderungen gemeistert haben und genießen Sie dieses Gefühl. So bauen Sie stetig Ihr Selbstvertrauen weiter auf.

Just do it: Handlungsorientierung

Selbstvertrauen

Ein gesundes Selbstvertrauen ist genau das, was Sie im Vertrieb brauchen, um erfolgreich zu sein. Denn ohne innere Sicherheit wird es schwer sein, mit den Zurückweisungen und Enttäuschungen, die die Vertriebstätigkeit nun einmal mit sich bringt, angemessen umzugehen. Wie entsteht nun ein gesundes Selbstvertrauen?

Unser Selbstvertrauen beruht auf unserer Erziehung und unseren persönlichen Erfahrungen. Das Selbstbild, der Selbstwert sowie die Selbstakzeptanz bilden die einzelnen Facetten unseres Selbstvertrauens. Unser Selbstvertrauen ist in den meisten Fällen ständigen Veränderungen ausgesetzt. Es wächst und schrumpft. Mit der Zeit festigen sich die einzelnen Facetten. Umso stabiler diese sind, desto weniger kann dann unser Selbstvertrauen von außen erschüttert werden. Wie das alles zusammenhängt, wollen wir uns nun anschauen:

Erziehung

Die ersten Lebensjahre eines Menschen formen und beeinflussen ihn sehr stark. Die Erlebnisse dieser Zeit hinterlassen tiefe Abdrücke. Es liegt viel an den Eltern und den Lehrern, ob wir ein gesundes und stabiles Selbstvertrauen haben oder leicht zu manipulieren sind. Es gibt einen schönen Satz, der heißt: Kinder, die man liebt, werden zu Erwachsenen, die lieben! Wer hingegen in seiner Kindheit und Jugend nur Ablehnung und Misstrauen erlebt hat, wird sich später anderen gegenüber genauso verhalten. Solchen Personen fällt es als Erwachsenen schwer, die aufrichtige Liebe eines Partners anzunehmen. In ihrem Innersten können sie gar nicht glauben, dass jemand so positive Empfindungen ihnen gegenüber haben könne. Sie bleiben skeptisch und distanziert. Unbewusst provozieren sie beim Anderen sogar, dass er sich ablehnend verhält. Wenn aufgrund der Unfähigkeit, Liebe annehmen zu können, es zu Distanziertheit, Eifersucht und Aggressionen kommt, führt dies dann tatsächlich zur Beziehungstrennung. Das Traurige dabei ist, dass der Betroffene sich in seinem Menschenbild bestätigt fühlt und er in der nächsten Begegnung sein misstrauisches Verhalten noch stärker ausprägen wird. – Hinterfragen Sie einmal Ihr Menschenbild! Können Sie Zuneigung und menschliche Wärme annehmen oder gehen Sie direkt davon aus, dass es mit hoher Wahrscheinlichkeit doch geheuchelt sein wird? Mit dieser Einstellung gestalten Sie Self-fullfilling-Prophecies, die es Ihnen schwer machen werden, stabile Beziehun-

Just do it: Handlungsorientierung

gen zu anderen Menschen, sei es zu Bekannten, potentiellen Partnern, Kunden oder Vorgesetzten einzugehen. – Machen Sie sich bewusst, wenn Sie eigene Kinder haben, dass Sie mit Aussagen wie „Du bist ein Versager!", „Aus Dir wird nie etwas!", „Lass sein, Du schaffst das eh nicht!" tiefe Wunden in den Kinderseelen zurücklassen, die nur sehr langsam heilen, wenn überhaupt.

Erfahrungen

Alles, was wir tun und erleben, wirkt sich auf unser Selbstwertgefühl aus. Menschen, die eine positive Einstellung sich selbst gegenüber haben, sind in der Lage, Rückschläge anzunehmen und aus diesen zu lernen, damit sie es beim nächsten Mal besser machen. Personen, die hingegen eine negative Einstellung zu sich haben, leiden stark unter ihren Fehlern und Versäumnissen. Sie fühlen sich sofort bestätigt: „Du bist und bleibst ein Versager! Vater hat doch recht gehabt!" Dies führt dazu, dass sie in Zukunft ähnliche Situationen und Herausforderungen meiden werden. Diese Negativentwicklung kann zur so genannten „erlernten Hilflosigkeit" führen. Menschen, die darunter leiden, glauben, dass sie egal, was sie tun und machen, stets versagen werden. Erlernte Hilflosigkeit ist der direkte Weg in schwere Depressionen. - Achten Sie darauf, wie Sie mit Fehlern umgehen! Denken Sie immer: Ich bin nicht meine Fehler! Fehler passieren und sollten als Lernerfahrung verbucht werden.

Erziehung und Erfahrungen bestimmen die Ausprägungen unseres Selbstbildes und Selbstwertes sowie unserer Selbstakzeptanz.

Selbstbild

Unter dieser Bezeichnung werden unsere Selbsteinschätzungen bezüglich Fähigkeiten, Wissen, Charakter und Äußerlichkeiten zusammengefasst. Unser Selbstbild hat nichts mit der eigentlichen Realität zu tun, sondern es erfasst, wie wir uns selbst wahrnehmen. Es gibt genügend amüsante Beispiele von Personen, deren Selbsteinschätzung sich stark von der messbaren Realität unterscheidet. Besonders intensive Exempel gibt es davon im musikalischen Bereich. Ohne diese realitätsfreien Selbsteinschätzungen wären TV-Castingshows wie „Deutschland sucht den Superstar" nicht so unterhaltsam und erfolgreich. Unser Selbstbild wird sehr stark von unserem Umfeld beeinflusst. Wenn wir lang genug hören, dass wir außergewöhnliche Begabungen hätten, werden wir beizeiten diese Überzeugung in unser Selbstbild

Just do it: Handlungsorientierung

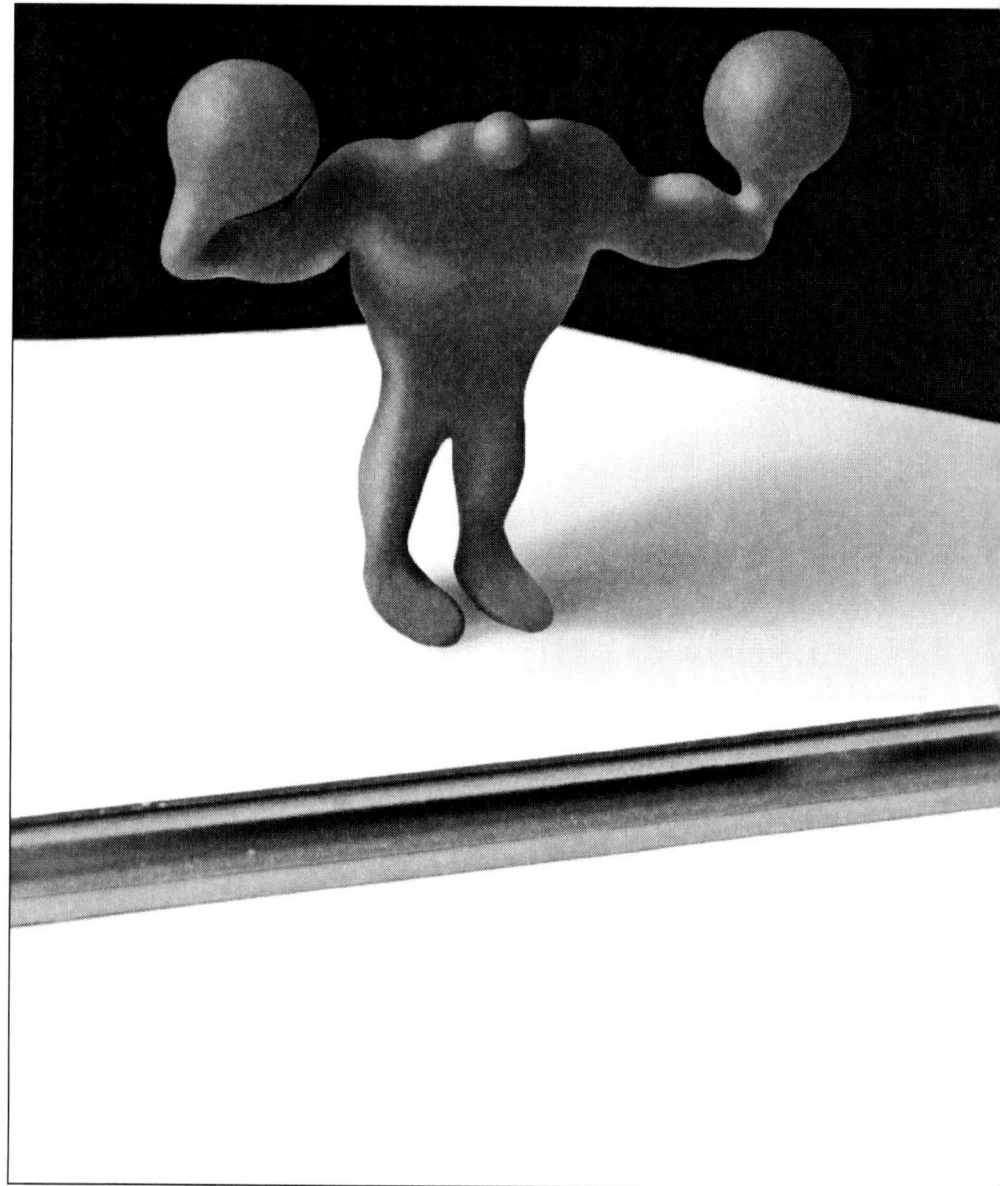

Just do it: Handlungsorientierung

Unser Selbstbild wird sehr stark von unserem Umfeld beein-flusst. Wenn wir lang genug hören, dass wir außergewöhn-liche Begabungen hätten, werden wir beizeiten diese Über-zeugung in unser Selbstbild integrieren. Auf der anderen Seite kann es uns genauso passieren, dass wir bemerkens-werte Kenntnisse oder Fähigkeiten haben, diese aber als nichtig einstufen und sie somit nicht zu einem wichtigen Baustein unseres Selbstbildes werden.

Just do it: Handlungsorientierung

integrieren. Auf der anderen Seite kann es uns genauso passieren, dass wir bemerkenswerte Kenntnisse oder Fähigkeiten haben, diese aber als nichtig einstufen und sie somit nicht zu einem wichtigen Baustein unseres Selbstbildes werden.

Selbstwert

Dies ist einer der emotionalen Facetten unseres Selbstvertrauens. Unser Selbstwert setzt sich daraus zusammen, welche Elemente unseres Selbstbildes wir als wichtig erachten und wie wir diese emotional bewerten. Die Tatsache, dass eine Frau als Mutter und Hausfrau hervorragende Arbeit leistet, kann sich unterschiedlich auf ihr Selbstwertgefühl auswirken. Im negativen Fall weiß zwar diese Frau, dass sie eine gute Mutter und Hausfrau ist, doch sie selbst stuft die Bedeutung dieser Leistung als niedrig ein. Sie kann sich nicht darüber freuen, weil sie z.B. lieber als Kinderärztin tätig wäre. Im positiven Fall ist die Frau ebenfalls von ihren Fähigkeiten überzeugt und sehr stolz auf ihre Leistungen. Sie hat für sich erkannt, dass der Beitrag, den sie im Privaten leistet, mindestens so bedeutend ist wie Erfolge, die nach außen sichtbar sind. Ein entscheidender Faktor hierbei sind wieder die Einflüsse von außen. Wenn der Partner, die Eltern, Schwieger-

eltern und Freunde geschlossen positiv (authentisch) auf die mütterliche Rolle der Frau reagieren und ihr positives Feedback geben, werden in der Frau selten Selbstzweifel entstehen. – Natürlich ließen sich genügend Beispiele aus dem Berufsleben anführen, die diesen Effekt ebenso illustrieren könnten.

Selbstakzeptanz

Dieser Bereich beschreibt die Auswirkungen des Selbstwertgefühls auf unsere Fähigkeit, uns selbst akzeptieren zu können. Viele Menschen – ob erfolgreich oder nicht – haben große Schwierigkeiten damit, sich selbst annehmen zu können. Diese Behauptung ist ableitbar aus den Informationen, die über Drogenmissbrauch (von Alkohol bis Heroin) und schwerwiegende psychische Erkrankungen vorliegen. Schon weniger starke Ausprägungen der beiden oben genannten Indikatoren sind Hinweise auf ein ernstzunehmendes Problem mit der eigenen Persönlichkeit. Der tägliche Griff zur Flasche Alkohol, Essstörungen oder selbstzerstörerisches Verhalten, wie Spielsucht oder Selbstverstümmelungen sprechen eine eindeutige Sprache. Sollte Sie Tendenzen dieser Art bei sich oder Personen in Ihrem direkten Umfeld vorfinden, suchen Sie den Rat von Fachleuten auf.

Just do it: Handlungsorientierung

Gesundes Selbstvertrauen ist ein solides Fundament für den Erfolg im Außendienst. Es beruht auf einer realitätsnahen Einschätzung der eigenen Fähigkeiten und Fertigkeiten, der persönlichkeitsfördernden Bewertung derselbe nund der daraus folgenden Akzeptanz der eigenen Person. Wer sich selber mag und um seine Stärken, aber auch um seine Schwächen weiß, tritt seinen Kunden selbstsicher, jedoch nicht arrogant gegenüber. Dieser lässt sich nicht so leicht frustrieren; der lebt den Slogan: Hinfallen ist nicht schlimm, liegen bleiben schon. Oder wie es in einem Popsong heißt: Immer wieder aufstehen, immer wieder sagen, es geht doch!

Für diejenigen, die zur Zeit ein eher schwaches Selbstvertrauen haben, gibt es zwei bewährte Wege, dies positiv zu verändern.

Ihr persönliches Erfolgstagebuch

Das menschliche Gedächtnis speichert viel länger - und mit intensiveren Emotionen verbunden - negative als positive Erlebnisse ab. Besonders kleine erfreuliche Erlebnisse im Alltag sind schnell wieder vergessen. Über unbedeutende negative Situationen können wir uns noch Tage später ärgern. Um Ihr Selbstvertrauen zu steigern, legen Sie sich ein Tagebuch an, in dem Sie nur (!) positive Erlebnisse und Erfahrungen notieren. Erfolgreiche Geschäftsabschlüsse, motivierende Gespräche mit dem Vorgesetzten, schöne Begebenheiten mit Ihren Kindern oder auch sinnliche Erlebnisse in Ihrer Partnerschaft,

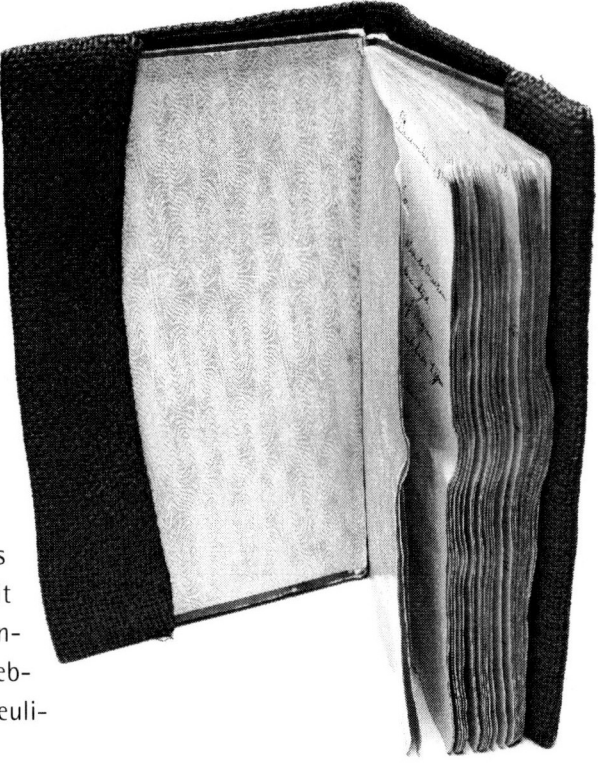

Just do it: Handlungsorientierung

all dies schreiben Sie in dieses Buch hinein. Das Aufschreiben und damit das nochmalige Auseinandersetzen mit diesen angenehmen Momenten tut Ihrer Seele schon augenblicklich wohl. Den entscheidenden Effekt Ihres Erfolgsjournals erleben Sie, wenn es Ihnen nicht so gut geht. Statt an den Kühlschrank zu gehen oder in die Kneipe zu flüchten, nehmen Sie Ihr Tagebuch zur Hand und lesen einmal nach, wie viel Positives Ihnen in den letzten Wochen passiert ist. Traurigkeit und Selbstzweifel werden schnell verfliegen. Das Erfolgstagebuch ist eine gewinnbringende Methode, die sich seit Jahrzehnten bewährt hat.

Selbstlob tut gut

Je nach Ihrer Erziehung und den persönlichen Erfahrungen Ihres Lebens haben Sie schätzungsweise bis zu Ihrem 20. Geburtstag über 100.000 negative Beurteilungen über sich ergehen lassen müssen, die Ihr Selbstvertrauen angekratzt haben. Dabei gilt es auch zu beachten, das Kommunikationswissenschaftler ermittelt haben, dass der Mensch, um ein negatives Feedback zu bewältigen, sieben mal gelobt werden muss (= 7 zu 1!). Sie können nun darauf warten, dass andere Sie loben, oder Sie tun es selbst. Leider wurden wir dazu erzogen, dass „Selbstlob stinkt!". Verges-

sen Sie es und klopfen Sie sich selbst auf die Schulter, wenn Sie erfolgreich waren. Feiern Sie Ihre Erfolge, damit Sie im Gedächtnis tief verankert werden. In der kognitiven Therapie rät man den Klienten dazu, sich mehrmals täglich das Mantra „Ich mag mich! Ich mag mich!" laut aufzusagen. Studien belegen, dass diese einfache Methode einen erheblichen und signifikanten Effekt auf das Wohlergehen der Betroffenen hat.

Mit dem Erfolgstagebuch und dem Selbstlob haben Sie zwei einfache aber effektstarke Möglichkeiten, Ihr Selbstvertrauen zu steigern. Mit einem gestärkten Selbstvertrauen werden Sie sich mehr zutrauen und größere Leistungen hervorbringen können! Jetzt liegt es nur noch an Ihnen, die Handlungsorientierung in Ihrem Alltag lebendig zu machen. Vergessen Sie alle Ausreden und Ausflüchte und starten Sie durch!

Literaturtipps

Falls es Ihnen immer noch schwerfällt, Ihren inneren Schweinehund zu überwinden, um endlich das zu tun, was nötig ist, um Ihr Potential ganz auszuschöpfen, dann habe ich zwei Buchempfehlungen für Sie: „Halt den Mund, hör auf zu heulen und lebe endlich!" und „Mach Deinen Job! Das einfache

Just do it: Handlungsorientierung

Geheimnis für Erfolg im (Berufs-)Leben" von Larry Winget.

Der Autor der beiden Ratgeber ist der ‚Pitbull of Personal Development' und zählt zu Amerikas gefragtesten Motivationsexperten. Seine Bücher sind nichts für sensible Gemüter. Er geht hart mit den Lesern ins Gericht und zeigt ihnen Ihre Denkfehler auf. Darüber hinaus bietet er einfache und praxisnahe Ideen, wie man mehr aus seinem Leben machen kann.

Zehn knackige Lektionen

Zehn kurze, harte und wertvolle Lektionen aus seinem Buch „Mach Deinen Job! Das einfache Geheimnis für Erfolg im (Berufs-)Leben" habe ich hier für Sie zusammengestellt und kommentiert.

Wenn Ihre Verkaufszahlen schlecht sind, liegt es daran, dass Sie als Verkäufer schlecht sind.

Das ist unfair, denken Sie jetzt vielleicht. Unzählige Untersuchungen und Analysen von Verkaufszahlen bestätigen aber die Aussage von Larry Winget. Gute Verkäufer sind auch unter schlechten Bedingungen erfolgreich, schlechte Verkäufer liefern selbst bei optimalen Voraussetzungen keine bemerkenswerten Ergebnisse. Wenn Sie persönlich im Moment tatsächlich nicht mit ihren Umsätzen zufrieden sind, dann suchen Sie

bitte einmal nach den Ursachen. Folgende Antworten sind dabei nicht zulässig: „Das Produkt braucht eh niemand!", „Das Verkaufsgebiet ist nicht lukrativ!", „Mein Vorgesetzter unterstützt mich nicht ausreichend!" oder „Die Konkurrenz ist einfach zu stark!". Es wird effektiver sein, dass Sie überprüfen, welche Fehlleistungen Sie persönlich erbringen. Wann haben Sie zum letzten Mal an einem professionellen Verkaufstraining teilgenommen oder ein inspirierendes Buch über Verkauf gelesen? Wie reagieren Ihre Kunden auf Sie und warum ist das so? Besitzen Sie ausreichende Produktkenntnisse? Haben Sie überhaupt Spaß am Verkauf? – Möglicherweise stoßen Sie dabei auf bittere Wahrheiten, nehmen Sie diese nicht einfach so hin, sondern beginnen Sie sofort mit gewinnbringenden Veränderungen. Denn nur wer bereit ist, sich selbst zu verändern bzw. weiterzuentwickeln, kann verbesserte Ergebnisse erwarten.

Nehmen Sie Ihren Job ernst und nicht sich selbst.

Professionalität und entspannte Menschlichkeit schließen einander nicht aus. Lernen Sie, über sich selbst zu lachen und bewerten Sie Ihre Fehler als Lernerfahrungen. Es gibt nichts Schlimmeres im menschlichen Miteinander als verbitterte Perfek-

Just do it: Handlungsorientierung

tionisten, die lautstark zum Ausdruck bringen, dass es ihnen niemand recht machen kann.

Wenn jemand verspricht, etwas zu versuchen, können Sie darauf wetten, dass nichts daraus wird.

Wow! Dies ist eine klare Ansage. Aber achten Sie einmal selber darauf, wie häufig Sie das Verb „versuchen" in Ihrem Sprachgebrauch verwenden. Sie werden überrascht sein. Allzu gern verstecken wir uns hinter unseren ‚Versuchen'. Wenn Sie etwas versprechen, dann müssen (!) Sie es auch halten, denn ansonsten leidet Ihre Glaubwürdigkeit.

Kunden haben wenig Geduld und ein sehr langes Gedächtnis.

In Ihrem Umgang mit Ihren Kunden sollten Sie sich stets bewusst machen, dass es in Ihrer Hand liegt, ob Ihre Kunden einen positiven Eindruck von Ihnen haben oder sich ungern an Sie erinnern. Pflegen Sie Ihre Kunden, Ihr (Berufs-)Leben hängt von ihnen ab.

Wir alle tun unsere Arbeit nur zu einem einzigen Zweck, nämlich anderen zu dienen. Je besser wir anderen dienen, desto mehr verdienen wir.

In Zeiten, in denen Kostenkontrolle und Einsparungen für viele Unternehmen höchste Wichtigkeit besitzen, verkümmern Service und Kundenorientierung mehr und mehr. Agieren Sie gegen den Trend und werden Sie zu einer Oase in der staubigen Servicewüste. Wann haben Sie sich zum letzten Mal bei Ihren Kunden aufrichtig – und damit meine ich nicht mit einer albernen Karte zu Weihnachten – für die Zusammenarbeit bedankt? Haben Sie schon einmal einem Kunden einen Gefallen getan, ohne dabei auf Gegenleistungen zu hoffen? Engagieren Sie sich in Netzwerken, z.B. durch ehrenamtliche Tätigkeiten? Es gibt so viele Möglichkeiten, positiven Samen zu streuen. Nutzen Sie diese! Sie werden beizeiten eine Ernte einfahren, die Ihre Erwartungen um ein Vielfaches übertreffen wird.

Es gibt nur einen Boss: Den Kunden!

Es ist zwar trivial, aber wahr: Es ist nicht Ihr Chef, der Sie bezahlt, sondern es sind Ihre Kunden. Deshalb hat ein Verkäufer auch die wichtigste Aufgabe in einem Unternehmen. Sein Job ist es, Kunden zu gewinnen und zu behalten und Topverkäufern gelingt es sogar, ihre Kunden so stark für die Produkte oder das Unternehmen zu begeistern, dass es die Kunden selbst sind, die durch ihre persönlichen und

Just do it: Handlungsorientierung

ernst gemeinten Weiterempfehlungen gewinnbringendes Neukundengeschäft akquirieren.

Alles kostet mehr, als Sie ursprünglich dachten.

Diese Kompaktlektion und die folgende auch sollten Sie sich auf eine Karteikarte schreiben und für Sie stets sichtbar aufhängen. Ich selbst durfte diese Erkenntnis schon mehrfach auf sehr schmerzhafte Weise erleben. Planen Sie bei allen Budgets mindestens einen 15%-Puffer ein. Dann bleiben Sie vor erschütternden Überraschungen bewahrt.

Alles dauert länger, als Sie ursprünglich dachten.

Unterschätzen Sie die Bedeutung dieses Hinweises nicht! Sie vermuten gar nicht, wie viele Unternehmen durch schlechtes Timing, das es ihnen unmöglich machte, vereinbarte Termine einzuhalten, schon bankrott gegangen sind. Termintreue und Pünktlichkeit sollten eigentlich eine Selbstverständlichkeit sein, oftmals muss man leider das Gegenteil erleben. Wie sieht es bei Ihnen aus? Können sich Ihre Kunden und Mitmenschen auf Ihre Zusage verlassen? Oder reden Sie sich gern damit heraus, dass Sie zu den Ewigen-zu-spät-Kommern gehören. Bedenken Sie bitte: Unpünktlichkeit ist ein Zeichen fehlenden Respekts!

Wenn die Prioritäten geklärt sind, fällt das Entscheiden leicht.

Auch wenn dieser Satz von Roy Disney ist und nur von Larry Winget in seinem Buch zitiert wird, so schlägt er doch eine perfekte Brücke zu unserem Kapitel über Zielsetzung. Wenn Sie klare und motivierende Ziele haben, dann wissen Sie genau, was Sie zu tun haben und worauf Sie Ihr Handeln fokussieren. Wenn Sie zu Ihren Zielen ein begeistertes „Ja!" sagen, dann fällt Ihnen ein mutiges „Nein!" zu kommenden Ablenkungen und Versuchungen leicht.

Abschließen möchte ich dieses Kapitel zur Handlungsorientierung mit den letzten Sätzen aus Larry Wingets Buch „Mach Deinen Job! Das einfache Geheimnis für Erfolg im (Berufs-) Leben":

Und zu guter Letzt noch einmal zum Mitschreiben, denn es ist sehr wichtig: Tun Sie das Richtige. Egal, was es ist. Auch wenn es unbeliebt ist. Auch wenn es am meisten kostet. Auch wenn es Ihnen peinlich ist. Belügen Sie sich dabei nicht selbst; Sie wissen immer, was richtig ist. Das Richtige ist selten das, was einem leichter fällt. *TUN SIE ES! TUN SIE ES JETZT!*

NACH DEM SPIEL
IST VOR DEM SPIEL

Entwicklungsorientierung

Nach dem Spiel ist vor dem Spiel: Entwicklungsorientierung

Jeder Einzelne muss das Maximum aus sich herausholen.

Mark Verstegen

Wir arbeiten hier mit hervorragenden Fußballern. Aber jeder Mensch auf dieser Welt kann Wege finden, sich noch zu verbessern. Einige der deutschen Nationalspieler können vielleicht fünf, andere zehn oder 20 Prozent zusätzlich rausholen", versicherte Mark Verstegen, der amerikanische Fitness-Experte, den Jürgen Klinsmann im Jahr 2004 in seinen Trainerstab aufnahm, um die Nationalspieler körperlich optimal auf die Weltmeisterschaft vorzubereiten.

Anfänglich wurden die Methoden von Verstegen von der Presse belächelt. In den Zeitungen wurden Fotos von Fußballern gezeigt, die mit Gummibändern um die Fußgelenke wie Enten über den Platz watschelten. Auch die Führungsspitze des DFB war anfänglich sehr skeptisch. Doch Verstegens Methoden wurden nicht nur von den Spielern selbst, sondern auch von anerkannten Fachleuten wie dem Hamburger Sportwissenschaftler Pedro Gonzalez gelobt.

"Mein Ziel ist es, den besten Fußballer zu bauen." Wie bei Rennautos kümmerte Vertsegen sich um das "Tuning" der 23 Kicke von Bundestrainer Jürgen Klinsmann. Für Fußballer seien Explosivität, Stabilität und Flexibilität wichtiger als bloße Muskelberge. "Wenn AMG einen Mercedes tunt, machen die das Auto durch Umbauten auch leichter und nicht schwerer", sagte der Fitness-Guru.

Professionelles Analysieren und Trainieren

Der Sportwissenschaftler studierte in Washington und legte anschließend seinen Master-Abschluss an der Universität Idaho ab. Zunächst arbeitete Verstegen am Georgia Institute of Technology, wo er Trainingskonzepte für Footballer, Basketballer und Golfer entwickelte. 1995 ging der Fitnessexperte nach Florida und baute das

Nach dem Spiel ist vor dem Spiel: Entwicklungsorientierung

International Performance Institute mit auf. Fünf Jahre später gründete der kantige Athlet mit dem Bürstenhaarschnitt seine Firma Athletes' Performance mit mittlerweile 40 Angestellten; vor drei Jahren öffnete eine Filiale in Kalifornien.

Zu dieser Zeit dürfte der Wahl-Kalifornier Klinsmann auf die Arbeit Verstegens aufmerksam geworden sein, der regelmäßig als Kolumnist für die Zeitschrift "Men's Health" schreibt und dessen Buch "Core Performance" in den USA breiten Absatz fand. Sich im Schongang durchs Training mogeln - das gelingt dank Verstegen - so leicht keinem Kicker der Nationalelf mehr. Im Trainingslager überwachte eine High-Tech-Computeranlage mit Hilfe eines Brustgurts den Puls jedes Einzelnen. Noch während Klinsis Truppe über den Rasen hechelte, konnten die Fitness-Spezialisten um Verstegen via Laptop am Spielfeldrand die Werte abfragen.

Zwischenzeitlich brachte Verstegen die deutschen Kicker sogar dazu, in echter US-Manier lauthals Parolen wie "Wir sind ein Team!" über den Trainingsplatz zu brüllen. Doch machte er bei aller Begeisterung nicht den Fehler, seine Arbeit zu überschätzen. Mit Fitness allein werde niemand Weltmeister, sagte er. "Sie ist aber ein wesentlicher Bestandteil auf dem Weg zum Erfolg und

Voraussetzung, um Champion werden zu können." Außerdem war es Verstegen in seiner Funktion als Fitnesstrainer sehr wichtig, dass die Spieler trotz der intensiven Arbeit Spaß haben: "Wenn sie Spaß haben, geben sie auch Gas!".

Bei der WM 2006 ging Verstegens Rechnung auf. Im Team mit Jürgen Klinsmann, Jogi Löw und ihm wurde eine Mannschaft aufgebaut, die topfit und spielfreudig das Turnier meisterte. Der große Erfolg der Mannschaft lag, laut Expertenmeinung, zu 80% in der professionellen Vorbereitung.

Wie sieht Ihre Vorbereitung aus?

Im Kapitel „Dahin gehen, wo es weh tut!" haben wir uns schon ausführlich damit beschäftigt, wie Sie sich für Ihren Job als Verkäufer fit halten können. Neben der körperlichen Fitness ist es aber auch wichtig, dass Sie sich mental sowie inhaltlich auf die Begegnung mit Ihren Kunden vorbereiten.

Harvey Mackay, der CEO der Mackay Envelope Corporation, einer Firma mit 85 Millionen Dollar Umsatz, entwickelte schon vor rund zwanzig Jahren ein Vorgehen zur Vorbereitung auf Kundenbesuche, das seine Vertriebsmannschaft seither mit großem Erfolg einsetzt. In Deutschland ist die-

Nach dem Spiel ist vor dem Spiel: Entwicklungsorientierung

In den Augen von Mackay machen diese Information einen entscheidenden Wettbewerbsvorteil aus. Er ist davon überzeugt, dass Service und professionelle, nachhaltige Kundenbetreuung in seiner Branche die wichtigsten Faktoren für Erfolg sind. Die Produkte, die sein Unternehmen anbietet, unterscheiden sich kaum von den Produkten der Mitbewerber, doch in der Kundenbindung punktet Mackay Envelope Corporation wie kaum ein anderes Unternehmen.

Ist Ihr Produkt absolut einzigartig?

In Marketingseminaren wird gern über die USP der Produkte doziert. Unter USP (englisch: Unique Seeling Proposition; deutsch: Verkaufsalleinstellungsmerkmal) versteht man den einzigartigen, der Konkurrenz überlegenen Wettbewerbsvorteil eines Produktes, zum Beispiel beste Qualität, niedrigster Preis u.ä.. In der Vertriebsargumentation sollen vor allem die USPs in den Mittelpunkt gestellt werden, um sich von den Mitbewerbern zu unterscheiden und somit dem Kunden deutlich zu machen, dass er eigentlich keine Alternative zu dem angebotenen Produkt hat. Theoretisch ist dies ein cleveres Konzept, doch die Vertriebsrealität sieht oft anders aus. Die geforder-

se Methode – vor allem in ihrer systematischen Umsetzung – eher unbekannt.

Mackays Methode ist ein Fragebogen mit 66 Fragen zum jeweiligen Kunden. Die Kundenbetreuer der Mackay Envelope Corporation haben die Aufgabe, die Antworten zu den Fragen mit Cleverness und Taktgefühl zu ermitteln und anschließend zu dokumentieren.

Nach dem Spiel ist vor dem Spiel: Entwicklungsorientierung

ten Alleinstellungsmerkmale sind oft kraftlos und für den Kunden wenig bedeutsam und bei der Vielzahl an Produkten auf dem internationalen Markt wird sich bestimmt immer auch ein anderer Anbieter finden, der mit ähnlichen Leistungen trumpfen kann.

Aus diesen Gründen ist die Beziehung zum Kunden oftmals der Schlüssel zum Erfolg. Ich habe schon daraufhingewiesen, dass Kunden als erstes den Verkäufer und dann das Produkt kaufen. Um eine positive Verbindung zu Ihrem Kunden aufbauen zu können, ist es überaus wichtig, dass Sie ihn gut kennen. Der *Mackay 66*, so heißt der Fragebogen, der von Harvey Mackay entwickelt wurde, ist ein tolles Werkzeug, um von der Persönlichkeit des Kunden ein klares Bild zu bekommen.

Mackay weißt daraufhin, dass nur der, der seine Kunden gut kennt, auch wirklich wissen kann, was sie wünschen und benötigen. Darüber hinaus bieten die Informationen auch eine gute Grundlage, um Gespräche zu eröffnen, maßgeschneiderte Aufmerksamkeiten dem Kunden entgegenkommen zu lassen und eine freundschaftliche Beziehung zu ihm aufzubauen. Etwas später werden wir noch ausführlicher über Beziehungsmanagement im Business sprechen. So viel sei Ihnen schon jetzt verraten: Gute Beziehungen sind der stärkste Umsatzbooster, den es gibt!

Wie gut kennen Sie Ihre Kunden?

Zur Zeit ist leider keine deutsche Veröffentlichung von Mackay im Buchhandel mehr erhältlich, deshalb werde ich Ihnen nun einige der Fragen, die im *Mackay 66* aufgeführt sind, vorstellen. Neben den üblichen Angaben zu Namen, Adressen (privat und beruflich), Kontaktdaten, Geburtsdatum fragt der *Mackay 66* auch nach dem Geburtsort bzw. der Heimatstadt des Kunden sowie nach dem Gewicht und der Körper- und Kleidergröße. Vielleicht finden Sie es unpassend, dass dies dokumentiert wird. Aus Erfahrung kann ich Ihnen sagen, dass man einen Kunden zu tiefst beeindrucken kann, wenn man ihm ein passendes Trikot seiner Lieblingsmannschaft überreicht.

Außerdem wird der Bildungsweg des Kunden erfasst, denn ein Kunde kann auch ein potentieller Mitarbeiter sein. Deshalb wird auch nach der beruflichen Vergangenheit und der bisherigen Karriere gefragt (ehemalige Arbeitgeber, Aufgaben und Positionen). Um ein noch deutlicheres Bild des Kunden zu erhalten, werden auch Ehrungen und Preise erfasst. Es wird dar-

Nach dem Spiel ist vor dem Spiel: Entwicklungsorientierung

Spektakulären Leistungen geht immer eine spektakuläre Vorbereitung voraus.

Robert H. Schuller

---

auf geachtet, mit welchen Statussymbolen er sich umgibt.

Weitere Fragen untersuchen die Beziehungen, die der Kunde zum Unternehmen und auch zum Mitbewerber unterhält. Es wird intensiv analysiert, welche Einstellung er zum Verkäufer und zu den angebotenen Produkten hat und wie er die Leistungen der Mitbewerber einstuft. Ebenso wird ermittelt, in welchen Vereinen er sich engagiert und wo seine Freizeitinteressen liegen. Es wird sogar danach gefragt, für welche sozialen Einrichtungen er in der Vergangenheit gespendet hat. Auch Partei- und Konfessionszugehörigkeit sind von Interesse. Der Fragenbogen läßt auch die Privatsphäre nicht aus. Lebensstil ist ebenso ein Thema, wie die Gesundheit: Was isst der Kunde gern? In welche Restaurants geht er? Trinkt er regelmäßig Alkohol? Wenn ja, was? Sind gesundheitliche Beschwerden bekannt? Nimmt er Medikamente? – Auch Urlaube, Automarken, bevorzugte Sportmannschaften werden notiert. Bei der Tiefe der Analyse ist es dann auch nicht mehr überraschend, dass noch ein kurzes psychologisches Profil des Kunden erstellt wird (u.a. Selbstbild, Ziele, Ängste, Enttäuschungen). Dass im *Mackay 66* sämtliche Daten über die Familie (Namen der Ehefrau und der Kinder, Ausbildung, Arbeitgeber, Geburtstage, Hobbys) dokumentiert werden, ist eine Selbstverständlichkeit.

Der gläserne Kunde – wozu?

Ist es wirklich nötig, einen Kunden so genau unter die Lupe zu nehmen? Ich kann Ihnen

Nach dem Spiel ist vor dem Spiel: Entwicklungsorientierung

nur raten: Nutzen Sie jede Gelegenheit, um Informationen über Ihre Kunden zu sammeln und diese Infos dann auch zu dokumentieren. Oder glauben Sie, dass die zur Zeit so beliebten Treuekarten, wie z.B. Payback, tatsächlich nur ein freundliches Belohnungssystem für loyale Kunden sind? Sie sind das perfekte Instrument zur Konsumanalyse. Anhand der Ergebnisse werden hoch effiziente Marketingmaßnahmen entwickelt. Seien Sie genauso clever wie die Industrie. Sie benötigen dafür kein kompliziertes Treuekartensystem. Nutzen Sie einfach das Internet. Es ist immer wieder überraschend, was Sie nach einigen Minuten Google-Recherche über Ihre Mitmenschen erfahren können. Außerdem gibt es noch den ganz simplen Königsweg: Fragen Sie Ihren Kunden! Wenn Sie mit Fingerspitzengefühl intelligente Fragen stellen, erhalten Sie garantiert eine freundliche Auskunft. Menschen lieben es, über sich selbst zu reden. Es macht sie glücklich, wenn sich andere für sie interessieren. William James, der Begründer der modernen Psychologie, wies schon auf dieses Phänomen hin: „Das tiefste Prinzip der menschlichen Natur ist die Gier nach Anerkennung!" Bringen Sie Ihrem Kunden authentisches Interesse entgegen und er wird sich gern Ihnen gegenüber öffnen. Und falls Ihr

Kunde eher ein stummer Fisch ist, dann plaudern Sie einfach mit seiner Sekretärin oder einem seiner Kollegen. Auch diese können ergiebige Informationsquellen sein.

Entwickeln Sie Ihren eigenen Fragenkatalog

Sie müssen nicht mit den *Mackay 66* benutzen; Sie können sich auch Ihren ganz persönlichen Fragekatalog aufbauen. Als Anregung können Sie auf den von Harvey Mackay zugreifen, den Sie kostenlos unter der Internetadresse www.harveymackay.com/pdfs/ mackay66.pdf runterladen können. Wichtig ist es nur, dass Sie sich ein System entwickeln, das Sie regelmäßig nutzen, um Informationen über Ihre Kunden zu dokumentieren. Um so mehr Sie über Ihre Kunden wissen, desto besser können Sie diese beraten und innigere Beziehung zu Ihnen aufbauen. Arbeiten Sie in der Vorbereitung genauso professionell, wie es Mark Verstegen getan hat. Der Erfolg wird sich nicht aufhalten lassen.

Wege zur Neukundenakquise

Um neue Kunden zu gewinnen, gibt es viele Wege. Mein Vater war ein Meister der Kaltakquise. Er hatte keine Scheu, bei ihm völlig fremden Menschen anzuschellen und ihnen seine Finanzdienstleistungsproduk-

Nach dem Spiel ist vor dem Spiel: Entwicklungsorientierung

te anzubieten. Seine sympathische Persönlichkeit und seine jahrzehntelange Routine mit dieser Methode machten es möglich, dass er tatsächlich auf diese Art sehr erfolgreich war. Wenn seine Kollegen ihn fragten: „Wie kann es sein, dass Du permanent Neukundenumsatz erzielst?", und er lakonisch antwortete: „Ich gehe einfach Klinken putzen!", glaubten sie ihm nicht, denn diese Methode des Verkaufens ist vielen einfach zu mühsam.

Ich kann das gut nachvollziehen, denn es gibt Wege, die für die meisten viel angenehmer, einfacher und effizienter sind. Vor einigen Monaten durfte ich eine Methoden kennen lernen, die ich hier leider aus rechtlichen Gründen nicht näher erläutern darf, zu der aber voraussichtlich Ende des Jahres bei KICK & SELL MEDIA ein eigenes Buch erscheinen wird, die das Vertriebsgeschäft revolutionieren wird. Perfekt auf die menschlichen Bedürfnisse abgestimmt, wurde eine Strategie konzipiert, die einen nicht enden wollenden Strom an Neukunden produziert. Die damit bereits erzielten Ergebnisse sind phänomenal.

Auch wenn diese spezielle Strategie noch nicht veröffentlicht werden darf, so kann ich doch auf eine andere Methode hinweisen, die es einem leicht macht, neue Kunden zu finden.

Networking

"Es kommt weniger darauf an, was du kannst, sondern wen du kennst." – Dieser pointierte Satz beschreibt sehr treffend die Realität in der Geschäftswelt. Empfehlungen, Referenzen und persönliche Beziehungen führen zu schnellen und nachhaltigen Umsätzen. Sie öffnen einem Türen, an die man vor-

Beziehungen sind alles.
Alles im Universum existiert nur,
weil es in Beziehung zu allem anderen steht.
Nichts existiert isoliert. Wir müssen aufhören
so zu tun, als wären wir Individuen,
die es allein schaffen.

Margaet Wheatley

Nach dem Spiel ist vor dem Spiel: Entwicklungsorientierung

her nicht einmal gedacht hätte. Fürsprecher und Wegbereiter ermöglichen Geschäftsabschlüsse, die sonst nie zustanden gekommen wären. Doch wo finden Sie diese Menschen, die Ihrer Karriere auf die Sprünge helfen? Was müssen Sie tun, damit aus Bekannten Geschäftspartner werden? Was und wie viel müssen Sie investieren, damit Sie ein funktionierendes und gewinnbringendes Netzwerk an Kontakten erschaffen?

Leider gibt es auf diese Fragen keine standardisierten Antworten und auch keine „Kochrezepte" für perfektes Networking. Stabile Netzwerke, die eine echte Unterstützung bieten und Tragkraft haben, entstehen nicht nach Schema F. Wer beim Beziehungenknüpfen auf schnelle Erfolge aus ist, wird sicherlich enttäuschende Erfahrungen machen. „Schleimer" und „Abzocker" werden mit ihrem Verhalten

Nach dem Spiel ist vor dem Spiel: Entwicklungsorientierung

garantiert entlarvt und werden niemals die Power funktionierender Netzwerke für sich nutzen können. Auch wenn es keine klaren Anweisungen gibt, wie man garantiert ein gewinnbringendes Netzwerk aufbaut, so gibt es doch ein paar Grundregel, die es zu beachten gilt. Der Networking-Experte Andreas Lutz weist daraufhin, dass es zunächst einmal wichtig ist, zu verstehen, was Networking nicht ist.

Networking ist nicht verkaufen

Wer auf einer Party unterwegs ist und nur deshalb Kontakte knüpft, um direkt etwas zu verkaufen, wird erleben müssen, dass dieser Versuch eher den gegenteiligen Effekt auslöst. Es ist überaus unangenehm, wenn jemand nur in seinen Berufswelten denkt und dabei vergisst, dass es um positive Begegnungen und interessante Gespräche geht. Gekonntes Selbstmarketing darf sein. Sie sollten es jedoch um jeden Preis vermeiden, Anwesende mit Ihren Produkten oder Dienstleistungen zu bedrängen. Im Networking geht es nicht um den direkten Verkaufserfolg, sondern um die „Kontakte der Kontakte". Andere werden für Sie zum Fürsprecher und öffnen Ihnen Türen. Dank guter Beziehungen kann es Ihnen nicht passieren, dass ein potentieller Kunde zu Ihnen sagt: „Ich weiß nicht, wer Sie

sind. Ich kenne Ihr Unternehmen nicht und ich weiß auch nicht, was es macht. Ich kenne nicht die Produkte Ihres Unternehmens und auch nicht Ihren Ruf. Nun, was wollten Sie mir verkaufen?" Erfahrene Networker haben Geduld und investiert gern in interessante Begegnungen. Ein gutes Gespräch oder ein unterhaltsamer Abend ist für diese ein ebenso wertvoller Gewinn, wie ein neuer Geschäftskontakt.

Networking ist nicht das Verteilen und Sammeln von Visitenkarten

Ja, es gibt Visitenkartenpartys und Internetplattformen wie Xing.com! Aber weder ein Stapel Visitenkarten, die Sie auf einer solchen Party eingesammelt haben, noch Hunderte bestätigter Kontakte bei Xing sind ein Garant für ein stabiles Netzwerk. Im Networking zählt nicht die Quantität sondern die Qualität der Beziehungen. Oder glauben Sie wirklich, eine oberflächliche Bekanntschaft unterstützt Sie ernsthaft bei Ihren Projekten? Es muss Ihnen schon gelingen, zu den Menschen, deren Kontakte Ihnen etwas bedeuten, echte Sympathie zu entwickeln. Sie selbst müssen bereit sich zu öffnen und auch für andere dazusein. Umso interessanter Sie sind und umso wertvoller die Kontakte sind, die Sie besitzen, desto

Nach dem Spiel ist vor dem Spiel: Entwicklungsorientierung

Die Mannschaft ist der Star.

Berti Vogts

einfacher wird es für Sie sein, ein starkes Netzwerk aufzubauen. Langeweiler und Sozial-Legastheniker sollten sich nicht zu große Hoffnungen beim Networking machen.

Networking ist kein Tauschgeschäft

Es ist schon wahr, das Networking vom Geben und Nehmen lebt. Sie sollten aber nicht anfangen – weder auf dem Papier noch im Kopf – darüber Buch zu führen, was Sie investiert und dafür bekommen haben. Geben Sie das, was Sie gern geben. Seien Sie freundlich und großzügig und vertrauen Sie in die Prinzipien der Menschlichkeit. Wer nur gibt, um direkt etwas wieder zu bekommen, der wird enttäuscht werden! Haben Sie Spaß an den Begegnungen mit Ihren Mitmenschen und Ihr Umfeld wird es genießen, mit Ihnen gemeinsame Projekte zu gestalten. Seien Sie kein Erbsenzähler und machen Sie bitte nicht den Kardinalfehler und fordern Sie Leistungen ein. Fragen Sie – wie bei langjährigen Freunden – einfach höflich nach und Sie werden oft erleben, dass Sie mehr bekommen, als Sie erwartet haben.

Wenn vieles im Networking auch sehr individuell ist, der eine fühlt sich eher in karitativen Clubs wohl, der andere sucht seine Kontakte auf After-Work-Partys oder im Internet, so gibt es eine Grundregel: Haben Sie Spaß! Verbissenheit, Übellaunigkeit und Geiz sind die Totengräber guter Beziehungen. Und noch etwas: Wenn Sie interessante Kontakte gewonnen haben, pflegen Sie diese bitte regelmäßig und kontinuierlich. Neben Massenemails und Serienbriefen ist der individuelle Kontakt niemals (!) zu vernachlässigen. Eine handgeschriebene Postkarte, ein freundlicher Blu-

Nach dem Spiel ist vor dem Spiel: Entwicklungsorientierung

mengruß oder ein persönliches Telefonat, in dem Sie sich tatsächlich nur nach dem Wohl Ihres Bekannten ohne irgendeinen Hintergedanken erkundigen – dies ist der Treibstoff der Ihren Beziehungsmotor zum Laufen bringt. Gentlemen, start your engines!!!

Die Zeiten, in denen Einzelkämpfer große Erfolge erzielten sind vorbei. Großes kann man nur gemeinsam bewegen. Dies gilt im Fußball wie im Vertrieb. Berti Vogts fasste diese Erkenntnis bei einer Pressekonferenz während der Europameisterschaft 1996 mit den Worten zusammen:

Nach dem Spiel ist vor dem Spiel: Entwicklungsorientierung

„Die Mannschaft ist der Star!". Wie sieht es mit Ihrer persönlichen Mannschaft aus: Wenn Sie als Vertriebler bildhaft im Sturm spielen und den Abschluss suchen, wer versorgt Sie mit den nötigen Pässen – mit Adressen potentieller Kunden – und wer bildet Ihre standhafte Verteidigung – wie gut kooperieren Sie mit dem Innendienst oder wie effektiv funktioniert Ihr ‚back office'?

Wir sind ein Team!

In vielen Gesprächen, die ich mit Außendienstmitarbeitern geführt habe, musste ich leider oft feststellen, dass in den meisten Unternehmen kein Teamgefühl zwischen den verschiedenen Abteilungen vorhanden ist. Der Innendienst wird oft als Spielerverderber und nerviger Kontrolleur wahr genommen und nicht als Unterstützung. Die fehlende Kooperation der Abteilungen ist meist auf eine Führungsschwäche oder Inkompetenz der Unternehmensspitze zurückzuführen. Die Chefetage steht in der Verantwortung Rahmenbedingungen zu schaffen, in denen alle gemeinsam an einem Erfolgsstrick ziehen und zwar in die gleiche Richtung. Aber auch jeder einzelne Mitarbeiter sollte durch sein Verhalten dafür sorgen, dass das Unternehmen als schlagkräftige Mannschaft auftritt und sich nicht intern durch Macht-

kämpfe und Intrigen aufreibt. Eine klare Unternehmensvision mit nachvollziehbaren Zielen, die alle an Umsatzsteigerungen partizipieren lassen, ist oft der Schlüssel zum Erfolg. Dabei sollte eine Unternehmensvision kein flotter Spruch oder Vierzeiler sein, sondern eine Idee, die von allen Mitarbeiter verstanden, angenommen und umgesetzt wird.

Mitarbeitertraining als Alibi?

Durch die fehlende Kooperation der Abteilungen entstehen schnell Frustrationen: Die Mitarbeiter werden unzufrieden und zeigen nicht mehr denselben Biss. Sie verlieren zu viel Energie in den Kleinkriegen. Mit der Zeit fällt die Leistungsbereitschaft und die messbaren Ergebnisse verschlechtern sich zusehendst. Anstatt, dass die Führungsmannschaft nun realisiert, dass es einen Handlungsbedarf ihrerseits gibt, schicken sie die Mitarbeiter lieber in ein Motivationstraining. Die Chefs hoffen, dass die Kollegen anschließend wieder mit gleicher Freude ihren Aufgaben nachgehen.

Zumeist kommen die Trainingsteilnehmer auch euphorisch und mit neuem Tatendrang aus den Seminaren zurück. Doch recht schnell werden sie von der Unternehmensrealität eingeholt, denn dort gibt es immer noch die selben Probleme,

Nach dem Spiel ist vor dem Spiel: Entwicklungsorientierung

Missverständnisse und Intrigen wie vor dem Training. Ein Wochenende lang „Tsjakkaa!" schreien, verändert nun mal keine über Jahre entstanden verkrusteten Strukturen in einem Unternehmen. Ärgerlich für die Weiterbildungsszene ist es, dass die Manager, nach dem das Training nicht auf Dauer den gewünschten Erfolg zeigt, nun glauben, Mitarbeitertrainings sind Geldverschwendung. Es gibt dazu eine charmante Geschichte, die etwas überspitzt die Wahrnehmung der Chefetage karikiert:

Alles eine Frage der Motivation!?

Vor einiger Zeit verabredete ein junges deutsches Unternehmen mit einem befreundeten, amerikanischen Mitbewerber, dass jedes Jahr ein Wettrudern auf einem nahe gelegenen See ausgetragen werden sollte. Die Strecke war auf 1000 Meter festgelegt, das Wettkampfgerät war ein Achter mit Steuermann. Beide Mannschaften trainierten hart und lang, um die größtmögliche Leistungsfähigkeit zu erreichen. Am Tag des ersten Wettkampfs waren beide Mannschaften topfit und hoch motiviert. Das amerikanische Team gewann klar mit 380 Metern Vorsprung.

Nach dieser Niederlage war die deutsche Mannschaft sehr niedergeschlagen, die Moral auf dem Tiefpunkt, die Motivation im Eimer. Das obere Management entschied sofort, dass der Grund für dieses Desaster unbedingt herausgefunden werden müsste. Unverzüglich wurde ein zehnköpfiges Projektteam eingesetzt, um das Problem zu untersuchen und geeignete Maßnahmen zu empfehlen.

Bereits nach einer Woche wurde übereinstimmend als Problem erkannt, dass beim amerikanischen Unternehmen acht Leute ruderten und eine Person steuerte, während in der deutschen Mannschaft nur eine Person ruderte und acht steuerten. Der deutsche Vorstand engagierte daraufhin die renommierte Lean Consulting Group„1-4-2" (Englisch ausgesprochen macht die Zahl sogar einen Sinn.), um eine Studie über die Struktur des deutschen Teams anfertigen zu lassen. Nach einigen Monaten, verbunden mit Kosten in der Höhe von 265.000 Euro, kamen die Berater zu dem Schluss, dass zu viele steuerten, aber zu wenige ruderten.

Um einer Niederlage gegen die Amerikaner im nächsten Jahr vorzubeugen, wurde die Teamstruktur der Deutschen grundlegend geändert. Es gab jetzt einen Steuerdirektor, einen Obersteuermann, zwei Steuerleiter und vier Steuerassistenten. Für die Person, die das Boot tatsächlich ruder-

Nach dem Spiel ist vor dem Spiel: Entwicklungsorientierung

te, wurde ein Leistungsbewertungssystem eingeführt. Dies sollte ihr mehr Ansporn und Motivation verleihen. Sie sollte sich einfach ein bisschen mehr anstrengen und mehr Verantwortung für ihr eigenes Handeln übernehmen.

Im darauf folgenden Jahr gewann der amerikanische Mitbewerber mit 690 Metern Vorsprung. Das deutsche Unternehmen entließ den Ruderer wegen schlechter Leistungen, verkaufte die Ruder, stoppte Investitionen in neues Gerät und die Entwicklung eines neuen Bootes. Der Lean Consulting Group „1-4-2" wurde eine lobende Anerkennung für ihre vorzügliche Arbeit ausgesprochen. Das eingesparte Geld wurde an das obere Management ausgeschüttet.

Immer wenn ich diese Geschichte in meinen Vorträgen erzähle, nicken und lächeln amüsiert die anwesenden Manager. Sie erkennen vertraute Strukturen in dieser Anekdote und fühlen sich in ihrer Verantwortung ertappt.

Denn jede Veränderung in einem Unternehmen muss nicht nur von der Führungsetage angestoßen, sondern vorgelebt werden. Ich bin immer wieder darüber erstaunt, wie gern Manager ihre Mitarbeiter zu Fortbildungen wegschicken, sie selbst aber schon seit Jahren bei keinem Seminar mehr waren. Seminare sind kein Allheilmittel, aber sie sollten fester Bestandteil der Personalentwicklung sein. Vor allem sind Impulse von außen wichtig. Der hauseigene Trainer oder auch Leiter der Personalabteilung kann gute Ideen haben, trotzdem nimmt auch er alles durch die Firmenbrille wahr.

Weiterbildung ist wichtig, sie muss aber auf die Unternehmenssituation abgestimmt sein, sonst verpuffen die potentiellen Effekte zu schnell und die Maßnahme bleibt wirkungslos. Diese Tatsache befreit Sie aber nicht von Ihrer persönlichen Verantwortung, mehr aus sich und Ihren Möglichkeiten zu machen.

Lesen, hören, sehen

Ich gratuliere Ihnen dazu, dass Sie sich bis hier hin durch das Buch gekämpft haben. Das beweist mir, dass Sie ernsthaft bereit sind, an sich zu arbeiten. Bücher lesen, ist so wichtig für die Persönlichkeitsentwicklung. Ein amerikanischer Freund hat einmal auf die Frage „Was beeinflusst einen Menschen in seinem Leben auf Dauer am meisten?" mit der Aussage „The books you read and the people you meet!" geantwortet. Zeitgemäßer müsste man sagen: Es sind die Menschen, mit denen du dich umgibst und die Medien, die du liebst!

Ich empfehle Ihnen deshalb: Gucken Sie weniger fern und lesen Sie viel! - Und vor

Nach dem Spiel ist vor dem Spiel: Entwicklungsorientierung

allem lesen Sie Veröffentlichungen aus den unterschiedlichsten Bereichen. Nur wenn Ihnen verschiedene Quellen zur Verfügung stehen, können Sie sich ein eigenes Bild machen und die Qualität des jeweiligen Textes beurteilen. Wer nur die Werke selbsternannter Motivationsgurus liest, muss sich nicht wundern, dass er irgendwann genauso wie diese spricht und denkt und nicht mehr erkennt, welche Risiken im unreflektiertem „Positiven Denken" stecken.

Bevor ich Ihnen nun meine persönlichen Lieblingsbücher vorstelle, möchte ich Ihnen ein Geschenk machen. Ebenfalls bei KICK & SELL MEDIA ist die DVD zu diesem Buch erschienen, ein Live-Mitschnitt meines Erlebnisvortrags. Normalerweise verkaufe ich diese DVD für 39,90 Euro. Wenn Sie mir aber eine Email senden und bezug auf diese Stelle im Buch nehmen, schicke ich Ihnen gern ein Exemplar kostenlos zu. Auf der DVD finden Sie noch weitere Ideen und unterhaltsame Aktionen, die Ihnen garantiert gefallen werden.

Literaturempfehlung zum Thema Motivation

„Simplify your life – Einfacher und glücklicher Leben", Werner Tiki Küstenmacher, Campus Verlag: Ein tolles Buch, das Ihnen erprobte Regel des Vereinfachens an die Hand gibt. Es bietet leicht erlernbare Techniken, sofort umsetzbare Tipps und verblüffende neue Methoden, aus denen Sie sich ganz individuell, das heraussuchen können, was zu Ihnen passt.

„Denke nach und werde reich", Napoleon Hill, bei diversen Verlagen in unterschiedlichen Ausführungen (Taschenbuch, Hardcover oder Audioprogramm) erschienen: Dies ist der Klassiker und Ursprung aller modernen Erfolgsphilosophien. In diesem Buch finden Sie Ideen und Ansätze, die Millionen von Menschen begeistert haben, und die auch Sie gewinnbringend umsetzen können. Aber VORSICHTIG: Manches ist auch etwas kurios („Das Geheimnis von der Umwandlung der Geschlechtskraft") oder nicht mehr zeitgemäß (Beispiele aus dem militärischen Bereich). Lassen Sie sich aber davon nicht abschrecken.

„Die sieben Wege zur Effektivität", Stephen R. Covey, Gabal Verlag: Das BESTE Buch, das zum Thema Persönlichkeitsentwicklung auf dem Markt ist, ein Meisterwerk. Ein Buch mit unzähligen wertvollen Ansätzen und Ideen, die Sie garantiert nicht nur erfolgreicher machen werden, sondern auch zu einem besseren Menschen. Der Stil und auch der Inhalt ist zum Teil etwas anspruchsvoll, doch die Mühe lohnt sich auf jeden Fall.

Nach dem Spiel ist vor dem Spiel: Entwicklungsorientierung

Hörbücher – eine clevere Alternative

Falls Ihnen die Zeit und die Ruhe fehlt, sich ein Buch zu nehmen und durchzuarbeiten, dann können Sie sich durchaus für den bequemen Weg entscheiden und es sich vorlesen lassen. Mittlerweile gibt es zu fast jedem Bestseller eine Hörbuchversion. Allein im Campus Verlag sind über 130 Hörbücher zu den Themen Management, Finanzen und Verkauf erhältlich, u.a. auch von Stephen Covey und Werner Tiki Küstenmacher. Der Schweizer Rusch Verlag bietet ebenfalls noch einmal über 100 Audioversionen bekannter Veröffentlichung zu den Themen Motivation und Erfolg an, u.a. von Napoleon Hill.

Mit den professionell produzierten CDs – zum Teil werden die Texte von prominenten Synchronsprecher rezitiert – verwandeln Sie Ihr Auto in eine fahrende Universität mit einem exklusiven Hörsaal. Als Außendienstmitarbeiter verbringen Sie ohnehin viele Stunden unterwegs im Auto, nutzen Sie diese Zeit und verzichten Sie bewusst auf das unsägliche Radioprogramm. Anfänglich ist es noch ungewohnt, einem Sprecher während der Fahrt aufmerksam zuzuhören, aber mit der Zeit werden Sie es nicht mehr missen wollen. Es ist dann zu einer gewinnbringenden Erfolgsgewohnheit geworden. Sie können auf diesem Weg entspannt den Inhalt von zwei Büchern pro Monaten aufnehmen und durchdenken. Wenn Sie dies regelmäßig tun, schaffen Sie pro Jahr rund 25 Fachbücher. Wie viele Ratgeber haben Sie in den letzten fünf Jahren gelesen? Seien Sie ehrlich? 25 Stück? Wahrscheinlich nicht! Hätten Sie bereits vor fünf Jahren mit der Hörbuchmethode begonnen, wären Ihnen heute die Inhalte von 125 Büchern vertraut. Dies würde für Sie einen unglaublichen Wissensvorsprung darstellen.

Nach dem Spiel ist vor dem Spiel: Entwicklungsorientierung

Wer über Nacht zum Star wird,
hat tagsüber viel trainiert.

Pelé

Wie Sie sehen, lass ich keine Ausreden, wie „Ich habe keine Zeit" oder „Ich lese nicht gern", gelten. Sie können das schaffen! Vielleicht denken Sie: „Hörbücher kosten aber viel Geld!" – Sicherlich sie sind nicht billig, aber jeden Cent wert. Ihre Investition wird sich schnell wieder einspielen. Durch die Impulse und Ideen, die Sie erhalten, werden Sie motivierter, geschickter und effektiver arbeiten und dies wird sich für Sie spürbar auszahlen.

Pelé,
der größte Fußballer aller Zeiten
Ausklingen lassen möchte ich dieses Kapitel mit einem Zitat des wahrscheinlich begabtesten Fußballer aller Zeiten: Pelé. Er wurde insgesamt dreimal Weltmeister (1958, 1962 und 1970). Dabei hält er den Rekord als jüngster Fußballweltmeister aller Zeiten - er war 1958 gerade einmal 17 Jahre alt - immer noch inne. Zu seinen

weiteren Titeln zählen die zweifache Südamerikameisterschaft und die fünffache brasilianische Meisterschaft. In 93 Länderspielen erzielte er insgesamt 97 Tore. Die Fußball-Legende absolvierte insgesamt 1.363 Spiele und erzielte dabei die unglaubliche Anzahl von 1.281 Toren. Vom Fußball-Weltverband FIFA wurde Pelé mit dem Jahrhundert-Verdienstorden ausgezeichnet und vom IOC zum Sportler des Jahrhunderts ernannt. Trotz einer unglaublichen Begabung trainierte Pelé fleißig, denn er liebte es einfach, Fußball zu spielen und Sport zu machen. Wenn ein Ausnahmetalent sich intensiv auf die Matches vorbereitete, dann sollten Sie ihm nacheifern. Er hat zu recht den Ausspruch getätigt : „Wer über Nacht zum Star wird, hat tagsüber viel trainiert." Werden auch Sie zum besten Verkäufer, der Sie seien können. Schöpfen Sie Ihr volles Potential aus und arbeiten Sie kontinuierlich an Ihren Fähigkeiten. Es lohnt sich!

FINALE

Die schönsten Fußballzitate
von Spielern, Trainern und Prominenten

Finale: Die schönsten Fußballzitate

Ein Lothar Matthäus spricht kein Französisch.

Lothar Matthäus

Lothar Matthäus hatte in seinem Interviews nicht nur Probleme mit Fremdsprachen, sondern auch mit der Muttersprache. Es war sein ganz eigener Stil, über sich in der dritten Person zu reden. Aber gerade für diese Stilblüten sind die Fans sehr dankbar, denn sie steigern erheblich den Unterhaltungswert des Fußballs. Unter den gesammelten Zitaten finden Sie bekannte Klassiker von Giovanni Trapattoni und Andy Möller, aber auch paar weniger berühmte Sätze von Bob Marley und Johannes Rau. Auch in Zukunft werden Interviews und Pressekonferenzen mit Fußballern und Trainern Kurioses und Pointiertes liefern.

Neben den üblichen Versprechern und Wortverdrehungen haben sich einige Zeitgenossen auch recht philosophisch zum Thema Fußball geäußert. César Luis Menotti Aussage „Der Fußball hat dieselbe Funktion in der Gesellschaft wie andere Ausdrucksformen der Kunst: ein guter Film, ein gutes Lied, ein gutes Bild" macht deutlich, dass Fußball mehr ist als nur eine Sportart oder ein Millionengeschäft. Für viele ist Fußball zu einer Art Ersatzreligion geworden. Der Stadionbesuch am Samstag entspricht dabei dem sonntagmorgendlichen Kirchgang und die Choräle werden durch die Vereinshymnen ersetzt. Es würde zu weit gehen, wenn man die folgenden Fußballerzitate den Psalmen gleichsetzen würde. Trotzdem ist es ein Fakt, dass Millionen Menschen im Fußball ihr Seelenheil finden.

Spaß am Spiel

Mit diesem Buch und der Zitatensammlung möchte ich Ihnen einige entspannende und inspirierende Momente schenken. Auf dem Fußballplatz und im Vertrieb geht es oft hart zur Sache, deshalb ist es wichtig, stets einen positiven Ausgleich zu finden: Für Fußballer ist es der Spaß am Spiel und die Kameradschaft. Ich hoffe, dass Ihnen Ihr Job auch Spaß macht und Sie um sich herum Freunde und Kollegen haben, die Sie unterstützen und auch gelegentlich anfeuern, denn nur wer lächelt, kann erfolgreich verkaufen!

Finale: Die schönsten Fußballzitate

Spieler

Das Tor gehört zu 70% mir und zu 40% dem Wilmots.
Ingo Anderbrügge

Ich habe viel von meinem Geld für Alkohol, Weiber und schnelle Autos ausgegeben. Den Rest habe ich einfach verprasst.
George Best

Dann kam das Elfmeterschießen. Wir hatten alle die Hosen voll, aber bei mir lief's ganz flüssig.
Paul Breitner

Der ist mit allen Abwassern gewaschen.
Norbert Dickel

Da wir so viele Verletzte hatten, konnte der Trainer zum Schluss nur noch zwischen dem Busfahrer und mir auswählen. Der Busfahrer hatte jedoch keine Turnschuhe dabei, so dass ich dann ins Spiel gekommen bin.
Jan-Aage Fjörtoft

Ob Felix Magath auch die Titanic gerettet hätte, weiß ich nicht - auf jeden Fall wären alle Überlebenden topfit gewesen!
Jan-Aage Fjörtoft

Ich halte nix von Sex vor dem Spiel, besonders weil ich mir das Zimmer mit Salou teile.
Jan-Aage Fjörtoft

Es war ein wunderschöner Augenblick, als der Bundestrainer sagte: „Komm, Stefan, zieh deine Sachen aus, jetzt geht's los".
Steffen Freund

Ich mache nie Voraussagen und werde das auch niemals tun!
Paul Gascoigne

Ich sage nur ein Wort: "Vielen Dank!"
Horst Hrubesch

Das wird alles von den Medien hochsterilisiert.
Bruno Labbadia

Finale: Die schönsten Fußballzitate

Fußball ist ein Spiel, bei dem 22 Spieler hinter einem Ball herjagen und am Ende gewinnt immer Deutschland.
Gary Lineker

Schiri zeigt Lippens gelb und sagt: "Ich verwarne Ihnen!" Willi "Ente" Lippens: "Ich danke Sie." Schiri zeigt rot!

In der ersten Halbzeit haben wir ganz gut gespielt, in der zweiten fehlte uns die Kontinu..., äh Kontuni..., ach, scheiß Fremdwörter! Wir waren nicht beständig genug.
Pierre Littbarski

Ein Torhüter muss Ruhe ausstrahlen. Er muss aber aufpassen, dass er dabei nicht einschläft.
Sepp Maier

Schiedsrichter kommt für mich nicht in Frage, schon eher etwas, das mit Fußball zu tun hat.
Lothar Matthäus

Wir dürfen jetzt nur nicht den Sand in den Kopf stecken!
Lothar Matthäus

Ein Lothar Matthäus spricht kein Französisch.
Lothar Matthäus

Nichts ist scheißer als Platz 2!
Erik Mejer

Mailand oder Madrid - Hauptsache Italien!
Andreas Möller

Vor zwei Monaten waren wir noch die beste Mannschaft Europas. Jetzt ist Riedle weg, Chappi abgesägt und Möller im Sturm.
Andreas Möller

Vom Feeling her, ein super Gefühl!
Andreas Möller

Das ist eine Deprimierung.
Andreas Möller

Finale: Die schönsten Fußballzitate

*Mein Problem ist,
dass ich immer sehr
selbstkritisch bin,
auch mir selbst gegenüber.*
Andreas Möller

*Ja, der FC Tirol hat eine
Obduktion auf mich.*
Peter Pacult

*So ist Fußball. Manchmal
gewinnt der Bessere.*
Lukas Podolski

*Ich hatte noch nie Streit mit
meiner Frau. Bis auf das
eine Mal, als sie mit auf's
Hochzeitsphoto wollte.*
Mehmet Scholl

Finale: Die schönsten Fußballzitate

Vor Krieg und Oliver Kahn.
Mehmet Scholl (Auf die Frage, vor was er
Angst habe.)

*Es ist mir völlig egal, was es
wird. Hauptsache, er ist gesund.*
Mehmet Scholl (Als werdender Vater)

*Das hätte in der Türkei passieren
dürfen, aber nicht in der zivili-
sierten Welt.*
Toni Schumacher

*Ich mag den Schmerz,
der mich zum Champion macht!*
Toni Schumacher

*Ein Drittel? Nee, ich will minde-
stens ein Viertel!*
Horst Szymaniak

*Ich habe ihn nur ganz leicht
retuschiert.*
Olaf Thon

*Man darf das Spiel doch nicht so
schlecht reden, wie es wirklich
war.*
Olaf Thon

*Der Jürgen Klinsman
und ich sind schon ein tolles Trio
... äh Quartett.*
Fritz Walter

Trainer

*Fußball ist auf der Bank ein
Leidensgeschäft. Ich bin
leidender Angestellter hier
in Nürnberg.*
Klaus Augenthaler

*Ich bin immer noch am
überlegen, welche Sportart
meine Mannschaft an diesem
Abend ausgeübt hat. Fußball
war's mit Sicherheit nicht.*
Franz Beckenbauer

*Ja gut, es gibt nur eine Mög-
lichkeit: Sieg, Unentschieden
oder Niederlage!*
Franz Beckenbauer

*Drei Punkte ist besser als in die
Hose geschissen.*
Franz Beckenbauer

Finale: Die schönsten Fußballzitate

*In einem Jahr hab ich mal 15
Monate durchgespielt.*
Franz Beckenbauer

*In der Schlussphase war
der Pfosten der Einzige,
auf den wir uns 100%ig
verlassen konnten.*
Christoph Daum

*Wer in Bochum von Strafraum
zu Strafraum geht und sich
dabei nicht den Knöchel bricht,
dem gebe ich einen aus.*
Christoph Daum

*Das Gegentor fiel zum
psychologisch ungünstigsten
Zeitpunkt. Aber man muss an
dieser Stelle auch einmal die
Frage stellen, ob es Gegentore
gibt, die zu einem psychologisch
günstigen Zeitpunkt fallen.*
Christoph Daum

*Das sind Gefühle,
wo man schwer beschreiben
kann.*
Jürgen Klinsmann

*Ihr Fünf spielt jetzt
vier gegen drei.*
Fritz Langer

*Es war von vornherein klar,
dass Leverkusen die stärkere
Mannschaft ist. Wir haben
derzeit niemanden, der gegen
Neuville hätte spielen können -
außer mir vielleicht.*
Felix Magath

Finale: Die schönsten Fußballzitate

Ich habe viel mit Mario Basler gemeinsam. Wir sind beide Fußballer, wir trinken beide gerne mal einen, ich allerdings erst nach der Arbeit.
Felix Magath

Im Training habe ich mal die Alkoholiker meiner Mannschaft gegen die Antialkoholiker spielen lassen. Die Alkoholiker gewannen 7:1. Da war's mir wurscht. Da hab i g'sagt: Sauft's weiter!
Max Merkel

Finale: Die schönsten Fußballzitate

*Eine Straßenbahn hat mehr
Anhänger als Uerdingen.*
Max Merkel

*Im Fußball ist es wie bei der
Liebe. Was vorher ist,
kann auch sehr schön sein,
aber es ist nur Händchenhalten.
Der Ball muß hinein.*
Max Merkel

*Wir waren alle vorher überzeugt
davon, dass wir das Spiel
gewinnen. So war auch
das Auftreten meiner Mannschaft, zumindest in den ersten
zweieinhalb Minuten.*
Peter Neururer

*In diesem Geschäft gibt es nur eine
Wahrheit: Der Ball muss ins Tor.*
Otto Rehagel

Geld schießt keine Tore.
Otto Rehagel

*Ich würde Helmut Kohl gerne
einmal kennen lernen.
Der wird genau so oft angefeindet*

*wie ich. Aber da habe ich wohl
keine Chance, weil der Bundes-
kanzler ja schon Berti Vogts
adoptiert hat.*
Dragoslav Stepanovic

*Struuuunz.
Was erlauben Struuuunz?*
Giovanni Trappatoni

*Fußball ist Ding, Dang, Dong.
Es gibt nicht nur Ding.*
Giovanni Trapattoni

Ich habe fertig!
Giovanni Trapattoni

*Die Kroaten sollen ja auf
alles treten, was sich bewegt -
da hat unser Mittelfeld ja nichts
zu befürchten.*
Berti Vogts

*Hass gehört nicht ins Stadion.
Solche Gefühle soll man
gemeinsam mit seiner Frau
daheim im Wohnzimmer
ausleben.*
Berti Vogts (vor dem Spiel gegen Kroatien)

Finale: Die schönsten Fußballzitate

Wenn ich über's Wasser laufe, dann sagen meine Kritiker, nicht mal schwimmen kann er.
Berti Vogts

Sex vor einem Spiel? Das können meine Jungs halten, wie sie wollen. Nur in der Halbzeit, da geht nichts.
Berti Vogts

Die Mannschaft ist der Star.
Berti Vogt

Wer im Leben kein Ziel hat, der verläuft sich!
Hennes Weisweiler

Sepp Herberger

Wenn alle Vereine von Männern geführt würden, die eine Ahnung von Fußball hätten, ginge es dem Spiel besser. Trotzdem ist es so stark, dass es selbst die Dilettanten nicht kaputtmachen können.

Nach dem Spiel ist vor dem Spiel.

Elf Freunde müsst Ihr sein!

Der schnellste Spieler ist der Ball.

Der Ball ist rund und das Spiel dauert 90 Minuten.

Das Runde muss in das Eckige. Das nächste Spiel ist immer das schwerste Spiel!

Sportkommentatoren

Da geht er, ein großer Spieler. Ein Mann wie Steffi Graf!
Jörg Dahlmann

Es steht 1:1, genauso gut könnte es umgekehrt stehen.
Heribert Fassbender

Finale: Die schönsten Fußballzitate

Nein, liebe Zuschauer, das ist keine Zeitlupe, der läuft wirklich so langsam.
Werner Hansch

Und wenn Wembley die Kathedrale des Fußballs ist, dann haben die Deutschen hier heute einen kräftigen Schluck Weihwasser gesoffen, das Gesangbuch geklaut und die Kerzen ausgepustet.
Johannes B. Kerner
(nach dem 0:1 Auswärtssieg, Wembley-Stadion im Jahr 2000)

Das da vorn, was aussieht wie eine Klobürste, ist Valderrama.
Bela Rethy

Jetzt wechselt Jamaika den Torhüter aus!
Gerd Rubenbauer (der FIFA-Beauftragte zeigt eine Minute Nachspielzeit an)

Die Achillesferse von Bobic ist die rechte Schulter.
Gerd Rubenbauer

Prominente

Was ich schließlich am sichersten über Moral und Verantwortung weiß, verdanke ich dem Fußball.
Albert Camus

Der Fußball ist einer der am weitesten verbreiteten religiösen Aberglauben unserer Zeit. Er ist heute das wirkliche Opium des Volkes.
Umberto Eco

Fußball ist Musik, Fußball ist Freiheit.
Bob Marley

Der Fußball hat dieselbe Funktion in der Gesellschaft wie andere Ausdrucksformen der Kunst: ein guter Film, ein gutes Lied, ein gutes Bild.
César Luis Menotti

Männer haben 100 Gramm mehr Gehirn als Frauen -

Finale: Die schönsten Fußballzitate

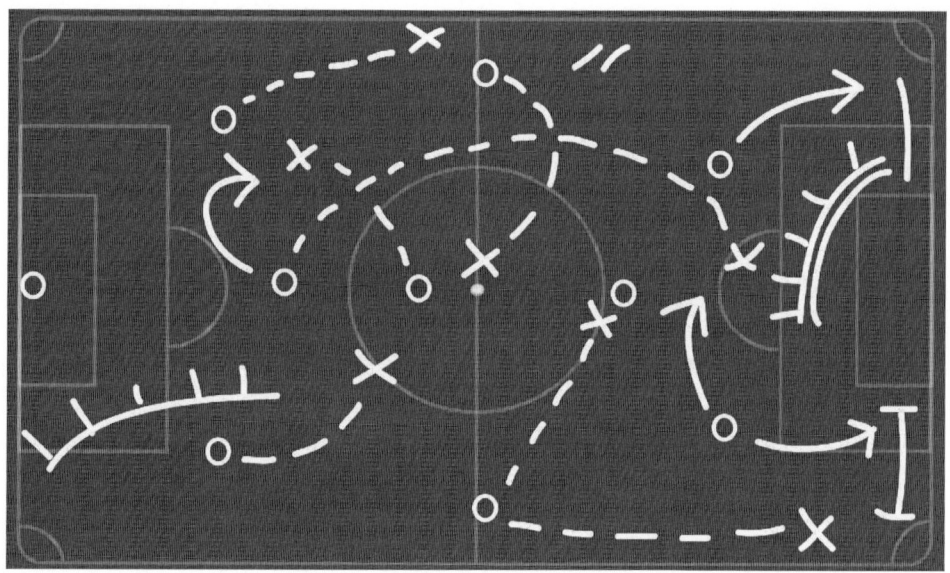

da ist unter anderem die Abseitsregel drin.
Dieter Nuhr

Wie soll das denn dann heißen? Ernst-Kuzorra-seine-Frau-ihr-Stadion?
Johannes Rau (zum Vorschlag, Fußballstadien nach Frauen zu benennen)

Bei der Fußball-WM habe ich mir Österreich gegen Kamerun angeschaut. Warum?
Auf der einen Seite Exoten, fremde Kultur, wilde Riten - und auf der anderen Seite Kamerun!
Richard Rogler

Bei einem Fußballspiel verkompliziert sich allerdings alles durch die Anwesenheit der gegnerischen Mannschaft.
Jean-Paul Sartre

DIE HÄNDE ZUM HIMMEL

Danksagung

Ich sage nur ein Wort: "Vielen Dank!"

Horst Hrubesch

Aus! Aus! Aus! - Aus! - Das Spiel ist aus! - Deutschland ist Weltmeister, schlägt Ungarn mit drei zu zwei Toren im Finale in Bern!" Als der Radiokommentator Herbert Zimmermann am 4. Juli 1954 diese legendären Worte rief, rissen Millionen Deutsche jubelnd ihre Arme in die Höhe. Ein Traum war wahr geworden.

Für mich geht nun auch ein Traum in Erfüllung. Nach mehr als zwei Jahren ist es geschafft: Ich habe tatsächlich mein erstes Buch geschrieben. Ein Buchprojekt zu realisieren ist, wie ein Sieg im Fußball, immer auch eine Mannschaftsleistung. Deshalb möchte ich mich nun bei allen bedanken, die entscheidend dazu beigetragen haben, dass aus meiner Vortragsidee ein 142seitiger Ratgeber geworden ist. Darüber hinaus möchte ich auch die erwähnen, die mich auf meinem Weg als Managementtrainer und Erlebnisreferent in den letzten Jahren unterstützt haben.

Diese Danksagungen sind mir sehr wichtig, weil ich Dankbarkeit für etwas überaus Wertvolles halte. In der heutigen Zeit, und vor allem im Fußball, ist Dankbarkeit ein fast vergessener Wert. Leider ist vieles zur Selbstverständlichkeit geworden.

Warum dankbar sein?

Vor Jahren machte ich in einem Seminar für junge Führungskräfte eine erschreckende Erfahrung. Ich bat die Teilnehmer, Dinge zu notieren, für die sie dankbar waren. Ich gab ihnen 5 Minuten Zeit. Meine Erwartung war, dass jeder von ihnen nach diesen Augenblicken mindestens eine Liste von zwanzig Punkten haben sollte. Die Realität war aber eine andere. Gerade einmal drei bis fünf Gründe zur Dankbarkeit hatten durchschnittlich die Trainingsteilnehmer notiert. Dabei gibt es so viel, wofür wir dankbar sein können: Gesundheit, Eltern, Großeltern, Nahrung, Wasser, Freunde, Partnerschaft, Ausbildung, Lehrer, politisches System, Beruf, Wohlstand und Frieden. Dankbare Menschen sind nicht nur angenehme Zeitgenossen.

Die Hände zum Himmel: Danksagung

Es ist wissenschaftlich erwiesen, dass sie weniger anfällig für Depressionen und Erkrankungen sind. Sie können negative Ereignisse besser verarbeiten, sie sind sozialer und weniger neidisch, ihr gesamtes psychisches Wohlbefinden ist stärker ausgeprägt. „Dankbarkeit ist der Schlüssel zum Herzen des Wohltäters!" – Dies hat man früher den Kinder beigebracht. Sorgen Sie mit dafür, dass es nicht völlig in Vergessenheit gerät.

Meine Familie

Ein ganz besonderes Dankeschön gilt meinen Eltern. Ihre Liebe, Fürsorge und Verständnis bilden das Fundament meiner Karriere. Ich bin jeden Tag zutiefst glücklich darüber, dass sie für mich da sind und mich lieben.

Dieses Buch habe ich meinem Vater gewidmet, der in mir schon als Kind die Freude am Verkauf geweckt hat. Er selber war über 30 Jahre erfolgreich im Vertrieb tätig und ein Meister in der Neukundenakquise. In seiner Zeit als Finanzdienstleister hat er bewiesen, dass Menschlichkeit und erfolgreiches Verkaufen keine Gegensätze, sondern die Basis für langfristige Umsatzerfolge sind. Für mich ist er ein begeisterndes Vorbild, das mich täglich motiviert, meinen Weg zu gehen.

Bedanken möchte ich mich auch bei meinem Bruder Jörg, der sich wieder einmal die Zeit nahm, wie so oft in den letzten Jahren und auch schon zu Studienzeiten, meine Texte zu lesen und zu korrigieren. Es ist KLasse, Dich als großen Bruder haben zu dürfen. An dieser Stelle möchte ich mich auch beim Co-Lektor Peter Gollan bedanken, der ebenfalls auf Fehlersuche war.

Über meine Fehler und Schwächen hingegen schaut nun seit fast schon 12 Jahren meine Ehefrau Carmen großzügig hinweg. Ihre Liebe und Treue machen es erst möglich, diesen verrückten Beruf mit seinen vielen Reisen und Herausforderungen meistern zu können! Danke, Carmen! Meine Schwiegereltern sollen in diesem Zusammenhang nicht unerwähnt bleiben, denn auch sie sorgen dafür, dass ich in einem angenehmen Umfeld arbeiten und Kraft tanken kann.

Gute Freunde

Neben der Familie haben auch einige Freunde an diesem Buch entscheidend mitgearbeitet. Dieses Buch wäre nicht so ein optisches Vergnügen, sondern wahrscheinlich ein einziger Textfriedhof, wenn Steffi Küpper sich nicht die Arbeit gemacht hätte, jedes einzelne Kapitel liebevoll zu gestalten. Ich hoffe, dass Ihnen das Layout

Die Hände zum Himmel: Danksagung

des Buches genauso gut gefällt wie mir. Denn ich bin begeistert!

Norbert Dickel, der Held von Berlin, der Mann, der den BVB im Jahr 1989 zum letzten DFB-Pokalsieg geschossen hat, ist auch mein Personal Hero. Seine motivierenden Ideen und seine engagierte Unterstützung bei der Realisierung dieses Projekts haben dieses Buch erst möglich gemacht. Da der Reinerlös des Buches dem karitativen GOFUS e.V. zufließen wird, wünsche ich mir, dass wir viele tausend Exemplare verkaufen werden, damit genügend Geld auf das GOFUS-Spendenkonto eingehen wird, um Kindern aus sozial schwachen Familien zu helfen.

Bedanken möchte ich mich auch bei Rolf Gummel. Eigentlich leitet er eine Agentur für Entertainment Support und Mediendesign, die ich sehr gern weiterempfehle, da ich mit ihr schon seit fast 10 Jahren sehr angenehm und erfolgreich zusammenarbeiten darf. Ein Besuch auf ihrer Homepage lohnt sich: www.vonmaro.de. Trotz seines vollen Kalenders ließ es Rolf sich nicht nehmen, mich für dieses Buch zu fotografieren. Das Porträt ist wirklich gelungen, schon gar wenn man weiß, wie das dazugehörige Gesicht an dem Morgen des Fototermins aussah.

Wenn mich wieder mal eine Schreibblockade ausbremste, waren es die Drinks mei-nes Freundes Friedhelm Berkermann, die mich wieder flüssig schreiben ließen. Sein kultiges Café in der Johannisstraße 15 in meiner Heimatstadt Hattingen sorgt schon seit mehr als 30 Jahren für Gastronomie-Erlebnisse der besonderen Art. Prost, Fiete!

Mannschaftskameraden

Wenn es um Fußball geht (und auch um Bier) dürfen die Jungs meiner Mannschaft, der Alten Freiheit Blankenstein, mit denen ich seit 15 Jahren zusammenspiele, nicht unerwähnt bleiben. Mit Peter, Klaus, Janosz, Heinz, Jörg, Norbert, Thomas, Günther, Wolfgang, Hugo und André über den Platz zu rennen, ist für mich die beste Therapie.

Abschließend möchte ich mich bei einigen Geschäftsfreunden bedanken, die zwar nicht direkt einen Teil zu diesem Buch beigetragen haben, aber durch unsere langjährige Zusammenarbeit einen besonderen Platz in meinem Berufsleben einnehmen.

Langjährige Geschäftspartner

Mit Geza Kristofics, einem der führenden Direktoren des AWD, der mit seinem rund 250köpfigen Vertriebsteam Jahr für Jahr Umsatzrekorde erzielt, verbindet mich die längste Geschäftsfreundschaft. Schon als

Die Hände zum Himmel: Danksagung

Student durfte ich seine Mitarbeiter bei Tagungen mit Business Entertainment unterhalten und motivieren. Jetzt freue ich mich auf unser gemeinsames Buch, das voraussichtlich Ende des Jahres erscheinen wird. In diesem Ratgeber werden wir den Lesern eine Strategie verraten, die permanentes Neukundengeschäft liefert und eine intensive Bindung der Stammkunden erreicht. Mit dieser Methode konnten einzelne Finanzberater nachweislich ihre Umsätze verdoppeln. Wenn Sie schon jetzt mehr über dieses Buch wissen möchten, schicken Sie mir einfach eine Email (info@rolfschmiel.de).

Fast genauso lange arbeite ich mit der WILO AG aus Dortmund zusammen. Ich möchte mich bei Peter Stamm, Udo Kunz und Bobbie Preuß für die unzähligen Projekte bedanken, die ich in ihrem Auftrag durchführen durfte. Besonders gern erinnere ich mich an die Vertriebstagung in Nürnberg, bei der ich meinen Erlebnisvortrag „Das Casanova-Konzept: Wie Sie Ihre Kunden verführen!" präsentierte. Die

Idee zu diesem Vortrag wäre sicherlich auch eine interessante Grundstruktur für einen außergewöhnlichen Vertriebsratgeber, denn es dreht sich alles um Sex, Crime and Money. Ein paar charmante Ideen für das Layout habe ich schon.

Mit dem Team der August Brötje GmbH aus Rastede durfte ich den letzten sechs Jahren über 70 Business Events gestalten. Dafür möchte ich mich ganz herzlich bedanken. Diese Kooperation ist ein Eckstein meines bisherigen Erfolgs. Ich hoffe, dass wir noch lange diesen gemeinsamen Weg weitergehen werden.

Und natürlich möchte ich mich bei Ihnen bedanken, dass Sie dieses Buch gekauft und gelesen haben, denn ohne Leserinnen und Leser macht ein Buch gar keinen Sinn. Ich hoffe, dass Sie Spaß und inspirierende Einsichten hatten. Verabschieden möchte ich mich selbstverständlich mit einer Fußballweisheit, dem wahrscheinlich am häufigst zitierten Fußballerspruch. Er stammt von Giovanni Trappatoni: „Ich habe fertig!"

Ich habe fertig!

Giovanni Trappatoni
